Habilidades de
COMUNICACIÓN
Y ESCUCHA

LIBRO 3

Habilidades de
COMUNICACIÓN
Y ESCUCHA

EMPATÍA · ALTO NIVEL · RESULTADOS

SONIA GONZÁLEZ A.

GRUPO NELSON
Una división de Thomas Nelson Publishers
Desde 1798

NASHVILLE   DALLAS   MÉXICO DF.   RÍO DE JANEIRO

Editora General: *Graciela Lelli*

Diseño interior: *Grupo Nivel Uno*

ISBN: 978-1-60255-374-3

Impreso en Estados Unidos de América

HB 07.27.2023

Se necesita coraje para pararse y hablar.
Pero mucho más para sentarse y escuchar.

—WINSTON CHURCHILL

Dedicatoria

A mi Padre Dios, por enseñarme a escuchar
el sonido de su voz en cada amanecer. Mi deleite.

A mi mamá, Stella, por permitirme escuchar las sublimes melodías
de su clásico acordeón, que me acompañaron a crecer con alegría.
Hermosa herencia de boleros, pasillos y cantos nuevos.

Índice

Introducción

La verdadera capacidad de comunicación de una persona se puede detectar en su habilidad para escuchar.

Por eso en este libro, el número tres de la serie «Mentoring para comunicadores inteligentes», publicada por Grupo Nelson, nos dedicaremos al estudio y análisis de esta competencia que tanto necesitamos los seres humanos para lograr relaciones exitosas.

Por medio de los procesos de capacitación y entrenamiento en comunicación que he desarrollado con la alta gerencia de diversas empresas, he comprendido la importancia de la escucha, como una especie de «poder superior» de la gente más inteligente y asertiva.

Por eso es necesario que usted comience a transformar su manera de escuchar. No basta con hablar y escribir bien. Para ser un comunicador completo e integral, es necesario «empoderar» su capacidad de escucha.

Si desarrolla tan sólo las facultades de lucirse en público o convencer por escrito pero no perfecciona sus procesos de escucha, su comunicación será como una mesa de tres patas a la cual le falta una. Siempre estará coja y se caerá.

Para que una organización logre una comunicación corporativa productiva y fluida, debe pensar en capacitar y concientizar a sus empleados sobre su capacidad de escucha.

Usted puede lograr confrontar sus debilidades en la escucha, si ejercita capacidades que trataremos en este libro como la empatía, la calidez, la atención dinámica y la percepción.

La habilidad de escuchar define no sólo su poder como profesional, sino la calidad de todas sus relaciones interpersonales. En la familia, la pareja, con los hijos o con el vecindario. Una persona que sabe escuchar, cuenta con la amistad y la cercanía de quienes le rodean.

Está claro: saber escuchar es el nivel más alto de la comunicación. Porque usted no saca nada con saber expresarse de manera persuasiva, o escribir con excelencia todos sus textos, si no sabe atender a las personas que conviven con usted en su área de influencia.

En una entidad farmacéutica muy conocida a nivel mundial, me solicitaron un programa de comunicación, con énfasis en la escucha.

Me llamaron porque, después de un serio estudio interno de la entidad, la medición concluyó que el principal problema era la falta de escucha de los líderes. Eso me dijo muy seria y preocupada la gerente del área de Recursos Humanos.

Pero lo más preocupante no era la debilidad en la escucha sino la negación que tenían los jefes que la padecían. Al efectuar la encuesta entre todos los líderes, acerca de si sabían escuchar o no, todos dijeron: «por supuesto que sí».

Su respuesta fue: «Soy un líder que siempre escucha a sus subalternos. Les doy mucha atención y lo mejor de mí para que tengamos un buen trabajo en equipo».

Pero cuando les preguntaron en una encuesta de 360° a los funcionarios acerca de la capacidad de escuchar de sus jefes, la mayoría los calificaron con muy bajo puntaje. Dijeron que se sentían ignorados porque los gerentes estaban muy concentrados en alcanzar sus metas y cumplir con sus indicadores de gestión. Resultados.

Los funcionarios, en vez de ser escuchados, se sentían muy presionados y poco valorados.

Porque es una necesidad vital para su crecimiento personal, es que le dedicaremos un serio análisis a esta habilidad tan importante de escuchar.

Si desarrolla su escucha también crecerá en sensibilidad como persona. Esto quiere decir que, además de ser un excelente líder, usted será una mejor persona. Irá mucho más allá de sus talentos para fijarse en las necesidades de quienes le rodean. En las relaciones interpersonales fluidas y exitosas.

Existen algunos «secretos» para lograrlo. Se los contaré en el transcurso de estas páginas. Está comprobado que funcionan. Claves sencillas y prácticas para entender cómo saber escuchar a otros.

Si lo logra, creo que este tercer libro de la serie «Mentoring para comunicadores inteligentes» será la mejor culminación de su proceso de aprendizaje. Esta es la profundización en el tema.

Lo mejor que le puede pasar a su comunicación es desarrollar el «músculo» de escuchar. Sin lugar a dudas, el peor enemigo de la excelencia en la comunicación es la mediocridad de no saber escuchar.

Usted necesita aprender a escuchar. Sólo cuando lo logre podrá considerarse un buen comunicador. Una persona con buenas relaciones será un buen líder, un buen padre, un buen esposo si, y sólo si, sabe escuchar.

Sonia González A.

CAPÍTULO 1

Los vicios y defectos más comunes de la escucha

Vicio 1: Egocentrismo

La incapacidad de escuchar es directamente proporcional al egocentrismo de una persona.

Un líder que con individualismo y afán triunfalista padece el antivalor de la prepotencia, que sólo piensa en sí mismo, en alcanzar sus resultados y demostrar sus logros, jamás podrá desarrollar la competencia de escuchar como parte de sus habilidades comunicacionales.

Lo vemos a diario en todas las entidades. También en las familias. Los principales problemas y conflictos surgen porque las personas se sienten poco escuchadas. Se quejan de que sus jefes o sus padres no tienen tiempo para ellos, porque siempre están en «lo suyo».

El egocentrismo se ha vuelto un vicio tan común en la comunicación de las personas que ya ni siquiera es reconocido como un defecto. Se ha vuelto un estilo normal de vida y es «aceptado» por todos.

Es común que en el día a día de una casa o de una empresa, todas las personas estén encerradas en su mundo, cada vez más, por la cantidad de herramientas digitales y de redes sociales de comunicación existentes. En efecto, es normal que en una misma casa cada persona esté sumergida en su propio computador, involucrada en comunicaciones virtuales con una infinidad de personas repartidas por el mundo pero con serios problemas de comunicación con los que le rodean: esposa, hijos, amigos, subalternos...

La acelerada digitalización del Facebook, del Twitter, del Skype, del correo en la Internet, del BlackBerry, del iPhone, del iPad, y de los celulares que «facilitan» la comunicación con todo el mundo, vuelve cada vez más difíciles las relaciones interpersonales.

En esta era de las comunicaciones superavanzadas vivimos paradójicamente incomunicados con los seres más cercanos. Si no las sabemos utilizar con inteligencia terminarán por convertirse en las exterminadoras de nuestras relaciones con las personas más cercanas y queridas.

Hasta hace unos años —una década tal vez— los comunicadores, los psicólogos, los sociólogos, nos preocupábamos por la influencia de la televisión en las personas con su terrible capacidad de alienación. Hoy, la lucha es mucho más fuerte. Ahora, el televisor viene en tamaños imponentes, con pantallas gigantes y con sonidos de «teatro en casa», con altísima fidelidad, buenísimo para ver y escuchar todo el día pero, además de eso, cada cual vive en su propio mundo virtual y se olvida de lo que gira a su alrededor.

Ese mal de enfocarse sólo en las redes digitales personales y olvidarse del próximo, del prójimo, impide que las personas desarrollen su capacidad de escuchar; es decir: los avances de la comunicación permiten conexiones con personas al otro lado del mundo pero bloquean la capacidad de escuchar a una persona ubicada al frente o al lado suyo, incluyendo a los seres más queridos, que terminan por convertirse en los más ignorados, mientras podemos atender a una persona que se encuentra lejos y a la que no conocemos personalmente o que no vemos desde hace años.

Las nuevas generaciones no conocen otra forma de comunicarse que por medio de las redes sociales y la Internet. Quiere decir que si queremos conservar las relaciones en la familia y en las organizaciones tendremos que combatir ese vicio del egocentrismo de verdad.

En la actualidad, es común ver a un alto ejecutivo pasar ocho y hasta diez de sus horas de trabajo concentrado en su computador sin conversar con nadie y sin interactuar con otras personas. Y, es más común todavía ver esposos sentados en una sala, cada cual con su computador, dedicados a leer y responder los mensajes recibidos por la Internet, o «chateando» en Facebook, MSN, Gmail, Hotmail, Yahoo...

Tal parece que están juntos, pero cada cual por su lado, en su propio mundo virtual, donde sólo quieren comunicarse con la gente conectada a su computador pero se mantienen desconectados de la comunicación del mundo real.

Si todo el día estoy conectada a mi correo electrónico, estaré desconectada de las personas que me rodean. Aunque sean las que más amo. O las que más necesitan mi interacción en la oficina.

Para erradicar este vicio compulsivo y ansioso nosotros mismos tendremos que fijar límites a la conectividad virtual. Sólo cuando logremos desconectarnos de nuestro computador y conectarnos con la mirada y las necesidades del que está a nuestro lado podremos empezar a escuchar. Si me detengo por un momento a concentrarme en lo que piensa y sueña, si le dedico lo mejor de mí para escucharlo, lograré relaciones más sanas y podré salir del egocentrismo (yo en el centro), para practicar el altruismo que me permite pensar en los demás (el otro en el centro) pero para ello se requiere de un serio y doloroso ejercicio de la voluntad. Renunciar al vicio de la comunicación virtual por un rato, y dedicarle mi tiempo y energía a la comunicación interpersonal.

Nada frustra más a un empleado que entrar en la oficina de su jefe y encontrarlo tan conectado al computador que ni siquiera lo mira y, mientras escribe correos le dice, todo estresado y sin dejar de mirar la pantalla: «Sí, háblame que te estoy escuchando...» pero ni siquiera lo mira, y mucho menos lo escucha. Apenas si le presta una atención muy lejana, capta una que otra frase y luego le dice algo así como: «está bien, hablamos más tarde al respecto».

La única manera de controlar este vicio de la adicción a la comunicación virtual es si la autoregulamos con horarios y límites de tiempo.

Las redes sociales son tan extraordinarias que no es fácil desconectarse. Por eso, debemos realizar el ejercicio de la voluntad para desconectarnos sobre la base de pura autodisciplina. Colocarle un horario a su tiempo de conectividad funciona muy bien para comunicarse con los hijos, con las personas a su alrededor, con la gente en las empresas.

Oblíguese a sí mismo a escuchar a las personas. A apagar el chat del BlackBerry para escuchar a sus hijos. A desconectar el computador a una hora específica, para estar dispuesto, con los oídos atentos, a lo que les sucede y lo que necesitan. Es el mejor «antídoto» contra el egocentrismo.

Vicio 2: Aislamiento

Otro vicio que impide la escucha asertiva es el aislamiento; es decir, la persona se encierra en sí misma y no habla con nadie ni oye a nadie, porque sólo quiere estar aislada y apartada con sus propios intereses. No importa en qué se concentre. Puede ser el computador, o un libro, o un partido de fútbol, incluso pueden ser las prácticas piadosas de la oración. Una persona que no escucha, se mete en su propio universo y bloquea el de los demás. Sólo puede pensar en sí misma. Sólo le interesa hacerse a un lado para conectarse y comenzar a digitar el teclado, para comunicarse con el infinito mundo del Google o los chats.

Este vicio cada vez se hace más evidente. La descomposición familiar y social ha producido un estado de aislamiento solitario y una actitud de escapismo tal que este vicio es cada vez más frecuente.

La adicción virtual se refleja en el escapismo que genera la comunicación digital. Aísla y produce ensimismamiento.

Analice a los usuarios de la Internet con redes sociales o con labores del día a día en su computador. Se dará cuenta de que está ante un cuadro ansioso, obsesivo y compulsivo. Con el consabido signo latente de un vicio: no es fácil parar. Entre más se aísla y se queda ensimismado en sus redes de conectividad virtual, más alimenta la persona su vicio. Entre más se conecta, más quiere estar conectado. Lo peor es que estará más desconectado de su próximo, y esto le impedirá desarrollar la habilidad de escuchar. Lo único que oirá será el teclado de su computador. O los comerciales de la televisión. O cualquier cosa que lo separe de la realidad. La suya y la de los demás.

Para erradicar este vicio, puede iniciar poco a poco la práctica de dejar de pensar en sí mismo. Desconectarse de su computador, televisor, BlackBerry no será fácil. Es un ejercicio doloroso. Tanto como una desintoxicación de excesos de harina y azúcar, para poder adelgazar. Al comienzo, sentirá que es imposible dejar a un lado el objeto de su vicio. Sin estar usando como antes su computador y estar conectado a la Internet, se sentirá absurdo, ridículo, incapaz, inútil. Incluso podrá presentar «síndromes de abstinencia» muy severos como ponerse de mal genio, incómodo, pesado y frustrado. Pero persista. Si logra darle orden a su tiempo de conectividad y priorizar la escucha a su familia en casa o a sus subalternos y compañeros en la empresa, comenzará a sentir el profundo bienestar que produce la comunicación sobria y saludable.

Escuchar implica un ejercicio de «desaislamiento» para comenzar a oír a los demás.

Tal vez al comienzo se sentirá ridículo al oír a un miembro de su equipo de trabajo contarle sus logros. O a su hija adolescente hablarle de la última salida con su novio, todo lo que le dijo, lo tierno y amoroso que es, la ropa que tenía puesta y de qué color era la rosa que le regaló. Después de varias semanas, comenzará a sentir que escuchar es la práctica más agradable y gratificante. Que vale la pena salirse un poco de sus propios problemas, de sus intereses personales, para enfocarse en los intereses de los demás. Y la única manera de lograrlo será con una herramienta muy práctica de la comunicación: escuchar.

Como todas las habilidades relacionadas con la comunicación, la de escuchar se desarrolla como si fuera un músculo. Por eso es necesario ejercitarla hasta que se convierta en una capacidad mayor.

No se logra de un día para otro. La escucha se ejercita. Implica, al principio, un entrenamiento doloroso, costoso, difícil y hasta aburrido. Pero cuando comience a ver los resultados, empezará a sentirse muy satisfecho y realizado.

Si usted es una persona de metas, si le gustan los desafíos, con todo mi respeto y cariño me atrevo a proponerle lo siguiente: ejercite la escucha y sentirá que su vida tiene mayor sentido; que sus éxitos laborales son reales.

Luego comenzará a ver el efecto en los demás. Todos le admirarán, le confiarán sus secretos y le calificarán como el mejor líder de toda la empresa, o el mejor papá, o la mejor mamá del mundo.

Pero usted y yo sabremos que el secreto ha sido saber escuchar. No se lo diga a nadie pues esa será su clave de vida, su diferencial. Tendré mucho interés en conocer su testimonio si me escribe a comunicacioninteligente@gmail.com. Eso sería grandioso. Desde ya comienzo a disfrutar la alegría de sus resultados.

Espero que pueda escuchar mis aplausos cuando oiga que me dice: «Por fin pude dejar de ser un egocéntrico, ahora atiendo a los que me rodean, creo que aprendí a escuchar». Prometo que yo lo celebraré desde aquí con bombos y platillos. ¡Bravo, ahora sí es usted un verdadero comunicador!

Vicio 3: Ser impulsivo y obsesivo

Un vicio ensordecedor y fatal que puede llegar a matar la capacidad de escucha es ser impulsivo y compulsivo para todas las tareas del día a día.

Una persona que no para su activismo excesivo, está imposibilitada para oír a quienes le rodean, porque el ruido de sus afanes no le permite escuchar nada a su alrededor.

Además, cuenta con un síndrome fatal: «no tengo tiempo». Ese es el peor escenario, porque para escuchar, además de una resuelta actitud de disposición y ganas de atender, se requiere un factor determinante: tiempo.

Si quiere desarrollar la capacidad de escuchar, primero debe salirse de «la caja» del autoengaño, de la manía de decir «no tengo tiempo», de la prisión fatal de la celeridad, que le impedirá siempre poder aquietar el ruido de sus impulsos para calmarse y dedicar tiempo a los demás.

Es común en las personas obsesivas estar tan enfocadas en sus propias obsesiones que se sienten imposibilitadas para escuchar.

Por ejemplo, si alguien tiene la obsesión de organizar los papeles en la oficina a cierta hora y entra una persona que necesita ser escuchada con extrema urgencia, el obsesivo le dice: «Es imposible en este momento, vuelve después, estoy muy ocupado».

El obsesivo no puede parar de ordenar. Le parece imposible. Y no cree que nada en la vida sea más importante que su propio orden aunque la otra persona lo necesite de verdad. Incluso si es algo que pudiera llegar a afectar sus metas de trabajo.

Otra obsesión común es la de ver y oír todos los noticieros. Eso impide por completo que los demás puedan ser atendidos y escuchados. No importa si ha oído más de tres veces al día la misma noticia, su abuso de la información no le permitirá escuchar nada que no sea noticias.

Cuando alguien le interrumpe para hacerle una pregunta o contarle algo, siempre responde: «Espera, espera que esta noticia es muy importante». Y lo deja con la palabra en la boca. Su capacidad de escuchar sólo está direccionada al noticiero. Es su «televicio», su «radiovicio» o su «compuvicio» lo que le impide escuchar.

Para salir de este vicio debe hacer del oficio de escuchar parte de su agenda diaria, mensual, anual y vital. En sus planes de cada mañana y de cada tarde debe de haber siempre un espacio para escuchar a quienes le rodean. Tiene que ser un espacio prioritario.

No trate de escuchar a alguien en la mitad de sus tareas y actividades imparables. A su esposa, hijos, subalternos, compañeros. Ellos necesitan tiempo responsable para que usted los escuche.

No pretenda convencerse a sí mismo y autoengañarse con la postura de: «dime, dime, dime que te estoy escuchando» mientras ve los goles del mundial. O contesta los 150 correos que le llegaron a la oficina. Es imposible.

Para escuchar hay que parar.

Vicio 4: Padecer estrés y ansiedad

Un vicio angustioso que impide la escucha es permanecer estresado y ansioso. Aunque esté en silencio y no oiga ni noticias ni un partido de fútbol, su problema es que siempre está enredado entre la agenda, la lista de tareas, el informe del día siguiente y la cantidad de diligencias que debe cumplir.

Esta persona ansiosa y estresada está impedida para escuchar, porque su mundo está tan enredado en las ramificaciones de su sistema nervioso al borde del colapso que si alguien le habla, reacciona con agresividad, puede llegar a perder el control, gritar, ponerse furioso, tirar lejos el lápiz o comenzar a llorar, porque se siente sobrecargado y presionado a tal extremo que cualquier cosa le hace estallar en mil átomos.

La gente que rodea a este tipo de individuos prefiere no hablarles ni comentarles nada por temor a sus reacciones airadas y sobreactuadas, producto de su estrés.

Los ansiosos pueden también estar callados y hacer como que escuchan pero por dentro están pensando en el motivo de su estrés. Son los que, mientras usted les habla, muerden el lápiz, rayan de manera ansiosa el papel, mueven la pierna en un temblor permanente o arrugan la servilleta en cuadritos mientras usted trata de decirles algo. Porque por dentro, su sistema nervioso está vuelto un nudo. Y no se atreven a decirle que se calle, pero con la mirada y la actitud se lo expresan a gritos.

Para salir de este vicio, los ansiosos y estresados pueden comenzar por utilizar algunos juegos especiales para el «desestrés» como apretar con fuerza el caucho de una pelota lo que les ayudará a concentrar su atención en los demás.

Luego de concientizar su ansiedad, comience a respirar despacio y relájese para no mover la pierna, rayar la mesa o enrollar la servilleta. Elimine en forma progresiva esas prácticas de sus hábitos diarios.

Comience a convertir el ejercicio de escuchar a otros en su mejor forma de «desestresarse». Aunque al principio sea hasta un poco fingido, le aseguro que logrará volverlo su mejor costumbre. Y hasta su estilo de vida.

Encontrará con asombro que, mientras escucha a los otros, descubrirá las herramientas para controlar sus propios problemas. Sentirá que los nudos de sus nervios comenzarán a deshacerse y lo cotidiano se volverá más simple, amigable, sencillo y placentero.

VICIO 5: SER RUIDOSO Y EXAGERADO

No puede escuchar a nadie una persona que todo el tiempo está sumergida en el ruidoso escándalo de su propia voz. En sus euforias exageradas. En sus risas y carcajadas estrepitosas.

Cuando una persona quiere ser el centro de atracción, le cuesta mucho trabajo ESCUCHAR a los demás. Piensa que lo único que vale la pena es lo que él o ella dice. Minimiza la posibilidad de que otros se luzcan, porque en su perfil de comunicación la única opción es lucirse. Siempre hace alarde de sus hazañas, habla en voz muy alta, cuenta todas sus historias a la vez y hace de cada cuento una novela de ficción. Todo el mundo le oye con agrado, porque es fabuloso, extraordinario y fantástico. Pero su único defecto es que no escucha a nadie. Lo único que retumba es su voz estrepitosa, con el volumen más alto posible. Como logra captar la atención de todas las personas a su alrededor, no permite que nadie más participe de la charla. Es el centro de la fiesta. La verdad es que cuenta con un don superior para convencer, ser atractivo y original. Pero llega el momento en que se vuelve insoportable porque nadie más se aguanta sus hazañas.

Para tratar este vicio, es necesario ante todo que la persona se concientice y reconozca que su exceso de euforia, su voz ruidosa y sus exagerados ademanes son un vicio con el que se hace daño a sí misma y aturde a los demás. Luego debe comenzar por bajar el volumen en forma paulatina pasando de un volumen de 150 a uno de 100, luego a uno de 80 hasta que logre bajarlo a 50. No será tarea fácil, pero sí es posible.

Lo que primero necesita es convencerse de la necesidad de lograrlo. Luego, comenzar a controlar su lengua al punto de refrenarla y obligarla a que se quede callada para que los demás hablen, opinen, intervengan aunque no lo hagan igual que usted, ni le parezcan tan divertidos.

Entonces estará listo para el nivel más alto: comenzará a escuchar de verdad. Empezará a fascinarse con las hazañas de otros. Se divertirá con sus cuentos. Sucederá algo delicioso: podrá descansar de usted mismo y dejará que los demás descansen de usted. Y disfrutará la maravillosa dimensión altruista de escuchar a los demás, por encima de usted mismo.

Todo esto le traerá mejores resultados. La gente comenzará a verlo con agrado. Lo recibirán en todas las reuniones como una persona mesurada, aplomada, controlada, que sabe escuchar y permite a los demás expresarse.

Para lograrlo, le invito a que se proponga lo siguiente: *Haré de la escucha mi mejor hazaña. Seré el centro de todas las reuniones al escuchar y las personas me apreciarán más si escucho que si hablo.*

Cállese y escuche. Verá los resultados.

VICIO 6: SER DISTRAÍDO Y AUSENTE

Otro vicio en contra de la escucha es estar siempre distraído en sus análisis e investigaciones tan detalladas que lo lleven al extremo del caso anterior. En esta situación el vicio es guardar silencio total y absoluto, pero con una postura distraída. Como si se estuviera ausente. Pero no es un silencio para escuchar sino más bien para meterse en sus complejos y complicados discursos interiores, que lo tornan ausente aunque esté presente.

Siempre está pensando en otra cosa. Como ido. Como distraído. Tiene tantas cosas en su cabeza y en el corazón, que no le permiten escuchar las cosas que otros quieren mencionar.

Este tipo de personas son de las que se dice que son «como de otro planeta». Viven en la luna. Y desde allá tan lejos les queda imposible alcanzar a escuchar a nadie.

Sólo se escuchan a ellos mismos y a sus brillantes ideas que se entrelazan, se confunden, suben, bajan y les imposibilitan darse el espacio para estar presentes y atender a los otros.

Para tratar este vicio, las personas distraídas en su intelecto, en sus logaritmos matemáticos o en su ingenio físico, necesitan aterrizar un poco a la realidad de los mortales normales y comenzar a conectarse en comunicación con ellos, desde la escucha.

Su inteligencia centrada y superior los hace un poco genios distantes. Son las personas que, cuando alguien les reclama diciéndoles: «No me estás prestando atención», responden: «Claro que sí te estoy atendiendo». Y es verdad, oyen, pero no escuchan; es decir, no atienden a nadie porque consideran que todo lo demás es irrelevante y medio absurdo. Cualquier cosa que se salga del planeta de sus ideas elevadas, les parece inútil y hasta cursi. Las personas que están a su alrededor se sienten un poco intimidadas por ellos, porque los perciben como genios ocupados, inalcanzables e inaccesibles, a los que lo mejor es dejar quietos, para no interrumpir los sonidos mudos y los oídos sordos de su propia genialidad.

Para eliminar este vicio, las personas con exceso de introversión necesitan comenzar a disfrutar las intervenciones sencillas y no tan elevadas de quienes les rodean.

Cuando alguien les hable de algo o les presente una idea, deben ejercitar su capacidad de atención, y no dejarse distraer por sus propias ideas o su imaginación.

Si logran prestar atención, seguro que las personas que los rodean ganarán, porque por ser tan analíticos, les podrán dar al final unas sugerencias y consejos sabios, que agregarán valor a la vida de quienes les rodean.

Deben ejercitar el valor de lo simple en cada cosa que escuchan de sus hijos, de sus compañeros de labores, de la gente en la calle. Bajar al nivel más sencillo y «descomplicar» la comunicación, para comenzar a disfrutarla y volverse más presentes con los demás.

EL PEOR HÁBITO DE LA ESCUCHA

Para que se genere un vicio en la escucha es necesario que se haya formado una serie de malos hábitos a nivel de comunicación. Entre los malos hábitos verbales y no verbales, el considerado peor de todos es no mirar a la persona mientras le habla.

En la comunicación no verbal: Mirada distraída

El hábito no verbal más usual en la falta de escucha y el más desesperante para quien intenta ser atendido es el de no mirar a las personas cuando nos hablan. Comenzar a desviar la mirada, y mostrarse distraído, mientras se mueve en forma inquieta de un lado para el otro de la silla.

También asumir posturas de aburrimiento como recostar la cabeza en las manos, «escurrirse» en la silla, dejar caer el cuerpo hacia un lado como si quisiera dormirse, cruzarse de brazos o llevar las manos al bolsillo todo el tiempo.

En la comunicación verbal: La tendencia a evaluarlo todo

En este caso, la persona se muestra tan «activa» en la escucha que no puede escuchar. Su tendencia es criticarlo casi todo, y emitir juicios o brindar consejos que no se le han pedido.

La persona con este mal hábito de escucha casi siempre busca la forma de contar su testimonio para ejemplificar e ilustrar lo que el otro trata de decirle.

Lanza preguntas permanentes, se muestra demasiado curioso por todo y pregunta por qué a cada rato, con el ánimo de luego lanzar su juicio o interpretación de los hechos.

Escucha y comunicación asertiva

Aunque la asertividad es un concepto más relacionado con la expresión oral, podemos decir aquí que una persona con la habilidad de ser asertiva debe manejar el balance adecuado entre saberse expresar y saber escuchar.

Es decir, que la escucha es parte de las habilidades comunicacionales que conllevan al alto nivel de asertividad. Porque una persona asertiva mantiene el balance entre lo agresivo y lo pasivo de sus expresiones.

Y nada muestra más el balance de la comunicación en una persona que su capacidad de guardar silencio y escuchar con interés y en forma dinámica.

Una persona asertiva escucha con atención todas las señales de la comunicación a su alrededor para luego afirmar en forma enfática sí o no. Pero sin escuchar es imposible emitir un buen juicio con criterio.

Sin duda, el éxito social se basa en las buenas relaciones. Nada podemos hacer aislados. Las buenas relaciones se apoyan en una comunicación efectiva que no consiste solamente en saber expresarse sino en escuchar de manera adecuada.

Cada persona necesita ser escuchada. Todos queremos expresarnos, ser atendidos y recibir reconocimiento.

Al sentirse escuchadas, las personas se relajan, se abren y se sienten libres para mostrar su mundo interior, sus creencias y valores.

Para escuchar sin interrumpir se requiere paciencia. Sólo así la otra persona hablará tranquila y se sentirá capaz de escoger sus palabras al hablar. Sin presiones.

Entre las actitudes negativas más comunes que impiden escuchar están:

- Prestar poca atención cuando nos hablan.
- Interrumpir la conversación varias veces.
- Reaccionar de manera iracunda ante cualquier desacuerdo.
- Insistir en asuntos sensibles que causan polémica.
- Sesgar la conversación sólo hacia nuestros intereses.
- Ignorar las necesidades e intereses del otro.
- Manifestar apatía y aburrimiento con gestos de desánimo.
- Criticar todo lo que dice, con un tono de voz áspero y negativo.
- Rechazar las opiniones contrarias a las nuestras.
- No aceptar las formas de ser y pensar diferentes a las nuestras.

Hasta los negocios más importantes se pueden perder por falta de procesos tranquilos de escucha, que permitan al otro mostrar sus intereses.

Los mejores negocios se logran a partir de la escucha dinámica de ambas partes. Escuchar es gran parte de la habilidad de negociación.

En general, las relaciones están sujetas a la capacidad de escucha. No se puede tener una relación de primera con una escucha de segunda.

Algunos factores clave para lograr procesos auténticos de escucha:

- Concientizar el valor de la escucha para el éxito personal
- Saber conversar de manera consciente sin ignorar al otro.
- Desarrollar el autocontrol y la inteligencia emocional.
- No hablar más de lo necesario.
- Evitar interrumpir, desmentir o argumentar.
- Analizar las emociones del otro, para definir sus conductas.
- Tratar de mantener la mirada en el otro, sin amedrentarlo.
- Dar retroalimentación, con respuestas cortas como «entiendo», «claro», «seguro», «así es», etc.
- Asentir y mostrar interés con ademanes como mover la cabeza o hacer gestos de afirmación.
- Realizar preguntas poderosas sobre lo escuchado.
- No permitir interrupciones sino dar atención de calidad.
- Estimular la conversación sincera que permite conocer la verdadera intención del otro.

ESCUCHAR PARA LLEGAR A LA META

Escuchar es una virtud que nos permite llegar a la meta con una comunicación inteligente. Por eso, utilizaremos este acróstico con la palabra META, como sistema nemotécnico que permita recordar la importancia de la escucha como un camino seguro para alcanzar los propósitos trazados. La META de la escucha es, entonces:

- Maximizar las oportunidades.
- Equivocarnos menos.
- Tomar decisiones inteligentes
- Amar más a los demás.

CAPÍTULO 2

Escuchar
como habilidad y competencia
de la comunicación asertiva

No se puede concebir el desarrollo de habilidades y competencias en comunicación para una persona o una empresa sin incluir la escucha como capacidad prioritaria. Es necesario entenderla como una destreza que requiere entrenamiento.

Por lo general se cree que ser asertivo es hablar bien en público y lograr convencer a la gente con mensajes escritos determinados y contundentes. En gran parte, sí lo es. Pero no lo es todo.

Es necesario entender la escucha como parte de las competencias corporativas en comunicación. Nada refleja más el liderazgo y el trabajo en equipo que la sensibilidad de las personas para escuchar a otros.

Una entidad donde las personas abren espacios para escucharse mutuamente es considerada una empresa inteligente porque fomenta el desarrollo personal y crece de manera sana.

Si no hay escucha no hay comunicación organizacional. Ni familiar. Ni interpersonal. Ni entre gobiernos y países. Porque la escucha implica un nivel más alto de civilización, de profesionalismo, de calidad humana.

El arte de escuchar permite que el individuo sea mucho más asertivo. Y mejor líder, gerente, padre, esposo, novio, amigo, vecino y gobernante.

Porque ser asertivo es saber decir sí o no en el momento y de la forma oportuna. No dejarse llevar por los impulsos emocionales sino autoregular de manera inteligente las respuestas, para expresar lo que se piensa y lo que se siente.

Todo eso sólo se logra si usted puede escuchar a todas las personas que le rodean y convierte la escucha en su competencia más estratégica para el logro de los indicadores de gestión de sus procesos laborales, académicos y sociales en general.

BENEFICIOS DE ESCUCHAR:

Son muchos los beneficios que genera la competencia de escuchar en las personas y en las empresas. Aquí mencionaremos sólo algunos:

1. *Buen trabajo en equipo.* Porque el líder que sabe escuchar puede lograr que todos los miembros del equipo se comuniquen unos a otros de manera sólida y solidaria.

2. *Excelentes resultados en el negocio.* Porque si el ambiente es sano, en medio de un clima de escucha, se notará en los resultados del negocio, cualquiera que sea.

3. *Mayor productividad.* En medio de ese ambiente grato y cálido de la escucha, las personas lograrán mucha más productividad. Podrán llegar a obtener altos puntajes en la lista de las mejores compañías desde la perspectiva de los empleados en www.greatplacetowork.com. Porque entre otras cosas, uno de los factores que se miden en las pruebas de clima organizacional es la capacidad de escucha de la entidad.

4. *Capacidad de proyección a futuro.* Está comprobado que un gerente, un vendedor o una madre que saben escuchar son personas que cuentan con una mayor capacidad de proyección hacia el futuro. Escuchar a su alrededor permite una capacidad mayor de mirar hacia el futuro a corto, mediano y largo plazo con mucha mayor agudeza y tino. Las personas que escuchan pueden interpretar mejor las posibilidades que se presentan hacia adelante en su empresa o en su familia.

5. *Mayor cohesión.* También el arte de saber escuchar permite que los grupos de trabajo, de estudio, de amistad o de familia cuenten con una mayor cohesión y unidad. Porque escuchar las ideas, inquietudes, intereses y sueños de las personas genera un mayor

sentido de integración y unidad, que llevará al éxito a cualquier grupo.

6. *Análisis más acertado.* La capacidad de escuchar está ligada a la de análisis. Porque al interesarse por los detalles y abrir los oídos a escucharlos, la persona cuenta con mayores elementos, suficientes para un análisis más juicioso y a conciencia. Esa capacidad de escucha permite que los detalles del análisis sean mucho más acertados para informes más seguros, claros y profundos que llevarán a mejores conclusiones y recomendaciones.

7. *Sinergia efectiva.* La escucha conlleva a la sinergia efectiva de todas las personas en las empresas o familias. Porque un ambiente de atención hacia las personas genera una energía positiva entre los equipos de trabajo. Si una entidad se preocupa por escuchar a su gente, seguro podrá lograr una mayor fuerza de trabajo a través de personas que se sienten a gusto en sus puestos. Porque una persona, cuando la escuchan, se siente valorada. En cambio, al no ser escuchada, se siente subvalorada, relegada y hasta rechazada.

8. *Mejores resultados comerciales.* La escucha produce también resultados en las ventas y en la comercialización de los productos de un negocio. Porque al escuchar las necesidades e intereses del cliente, es mucho más seguro que se pueda lograr el cierre de la venta. Un comerciante que no escucha los intereses de su cliente no logra conseguir resultados

suficientes. Sólo se enfoca en el producto y se le olvida pensar en las necesidades del cliente. La inteligencia de la comunicación en cualquier negociación —incluso con la esposa o los hijos— debe enfocarse en escuchar. Luego sí, dedíquese a vender sus ideas o productos. Pero siempre sobre el piso firme y bien cimentado de la escucha.

9. *Liderazgo sólido y admirado.* Dentro del liderazgo es definitiva la habilidad de escuchar. Un líder que no escucha, no es un buen líder. Un líder que escucha es un excelente líder. El liderazgo se fundamenta, antes que nada, en escuchar a las personas. Si el buen líder se reconoce en que la gente lo sigue, yo puedo decir que a una persona no la sigue nadie si no escucha a la gente primero. Al sentirse escuchadas, las personas quieren seguir más y más a ese líder que está atento a sus inquietudes y necesidades. Una persona hábil para escuchar se muestra como un líder sólido y estructurado. Como resultado, es admirado y querido por todos los que le rodean, quienes consideran un privilegio contar con su liderazgo. Los líderes de alto nivel de escucha llegan más allá y, por lo general, se convierten en mentores con alto nivel de influencia sobre las personas. Los que hablan bien, son buenos oradores y hasta entrenadores de otros, pero no llegan a las grandes ligas como mentores.

Por eso, aquí queremos «empoderarlo» en este *mentoring* como un comunicador inteligente que va mucho más allá de la efectividad.

Mi apuesta es porque usted llegue a ser un líder de altísimo impacto, más allá de ser carismático o con «factor x». Créame, su mayor diferencial como comunicador no será el de su propio encanto sino que será el de escuchar a las personas y ser sensible a sus necesidades.

El proceso de la escucha dinámica

El oyente activo desarrolla las siguientes habilidades:

* Permite a las personas saber que las ha escuchado.
* Se involucra en la conversación.
* Emite frases clarificadoras.
* Plantea preguntas inteligentes.
* Resume lo que ha escuchado.
* Usa señales visuales y vocales.
* Sabe que todos tenemos la necesidad de ser escuchados.
* Mira al que habla para conectarse.
* Se concentra 100% en la conversación.

Las ventajas de escuchar:

* Cuanto más escucha, más aprende y más crece como persona.
* Es la estrategia perfecta para negociar.
* Las personas disfrutan de su relación.
* Ambas partes ganan.
* Consolida su liderazgo.

- Practica la sabiduría de entender que fuimos diseñados con una boca y dos oídos: para hablar menos y escuchar más.

HABILIDADES DE LA ESCUCHA
PARA UNA ORGANIZACIÓN INTELIGENTE

Una organización inteligente es consciente de que debe desarrollar buenas destrezas de comunicación. Cuenta con evaluaciones suficientes como para medir el nivel de escucha de sus funcionarios.

Las habilidades necesarias para una comunicación organizacional inteligente, bien comentada en la escucha son:

- Sensibilidad al comportamiento no verbal, el entorno y el paralenguaje de las personas en la entidad.
- Atención a lo que las otras personas expresan.
- Control para evitar las distracciones que impiden estar bien enfocado en la persona.
- Evaluación y monitoreo de lo que escuchamos para priorizar y extraer lo más importante y eliminar lo innecesario.
- Destreza para elaborar preguntas inteligentes en momentos oportunos y espacios adecuados.
- Recolección de información en forma directa y sencilla, por medio del ofrecimiento de distintas alternativas para contestar.
- Sensibilidad para identificar las necesidades de los otros y entender mejor la situación.

- Conocimiento y entendimiento de los problemas que enfrentan y que afectan a toda la entidad.

EL MÉTODO DE NEGOCIACIÓN DE HARVARD

Este método de habilidades de negociación fue utilizado en las primeras negociaciones de Camp Davis, entre Israel y Egipto. También en el problema étnico ruso. Contiene varias claves sencillas y todas ellas tienen que ver con la habilidad de comunicación, basada en el arte de escuchar para lograr negociaciones exitosas.

En la posición clásica de regateo en las negociaciones, cada parte se compromete en una posición y después regatea concesiones. Cada una adopta una posición y luego comienza a ceder poco a poco, hasta llegar a un acuerdo que se acomode a ambas partes.

La relación y la comunicación son los medios para ofrecer valor agregado efectivo. Un resultado será mejor si se logra con eficiencia, sin perder tiempo ni esfuerzo, pero la negociación eficiente requiere de una efectiva comunicación bilateral.

Una negociación habrá producido un mejor resultado en la medida que las partes hayan mejorado su capacidad de escuchar para colaborar en forma activa.

El valor de escuchar y comprender incluye factores tales como:

- Comunicar a pesar de existir desacuerdos.
- Considerar el consultar antes de decidir.
- Hablar con un propósito.
- Saber lo que quiere comunicar.

- Escuchar en forma activa.
- Dejar saber al otro que le está escuchando.
- Ser constructivo en las relaciones.
- Manejar las diferencias sin agresión ni hostilidad.
- Anteponer la relación para manejar cualquier problema que surja entre las partes.

Para fomentar la escucha en una relación se requiere equilibrio entre la emoción y la razón. También un nivel de comprensión y confianza elemental.

No utilice la coacción como método de persuasión. Trate de buscar el grado de aceptación legítima de la contraparte.

Para mejorar las relaciones laborales, se deben separar los problemas de relación. Usted debe tratar de ser duro con el problema, pero suave con las personas. Siempre constructivo sobre la relación, en busca de soluciones, a partir de la escucha dinámica y la valoración del otro.

Creencias erróneas y paradigmas frecuentes acerca de las negociaciones:

- La negociación es una batalla.
- Lo mío debe ir siempre primero.
- Todo lo que importa es el resultado.
- Nuestros intereses serán siempre opuestos.
- Lo único que quiero escuchar es lo que a mí me interesa.
- Siempre tengo la razón, los demás siempre están equivocados.

- Lo que más importa es el poder.
- No puedo ser amable porque «me la montan».
- Si presto atención pierdo autoridad y liderazgo.
- Hay que «guardar las distancias».

LA ESCUCHA Y LA COMUNICACIÓN CORPORATIVAS

Para desarrollar los criterios de gestión de una empresa a la hora de organizar el plan estratégico, cuentan los conceptos de innovación, vanguardismo, sostenibilidad, medio ambiente y responsabilidad social empresarial.

La modernización de los canales de comunicación y negociación es fundamental para adherir a las diferentes partes interesadas. Incorpora las redes sociales y las comunidades virtuales a la estrategia de comunicación.

Para adaptar el mensaje, el tono y el canal a las exigencias del receptor la clave es escuchar la valiosa retroalimentación. La escucha es parte esencial de la comunicación, como clave determinante para lograr el éxito de las empresas.

LA ESCUCHA Y LOS RESULTADOS COMERCIALES

Las organizaciones suelen invertir mucho dinero para implementar investigación de mercados. De esa manera sienten que pueden escuchar a sus clientes y mercados. Por medio de estas investigaciones, logran conocer a fondo datos muy importantes para el éxito de su producto. Al escuchar a la gente, pueden saber acerca de sus preferencias de colores, consumo, nivel de recordación de los avisos en la TV o radio, y todo lo que necesitan saber para competir, crecer e innovar.

Esta información que escuchan en forma directa de los clientes arroja datos cuantitativos y cualitativos que permiten conocer mejor los perfiles de los públicos y consumidores. De esa forma pueden saber cómo incluir nuevas metodologías para escuchar a los usuarios. A través de medios de comunicación virtuales que ayudan a conocer y a medir la presencia en línea que genera la marca.

Así se abren nuevos canales para explorar y escuchar de manera directa, interactiva y muy dinámica a los usuarios. Luego, el éxito del proceso se medirá por la manera como logremos ordenar la información cualitativa y cuantitativa que nos permite conocer la comunicación electrónica a través de las redes sociales y digitales.

Se sabe que en el 2008 la empresa de investigaciones de mercado Nielsen recibió 5,800 millones de dólares que le pagaron las empresas para poder escuchar cuáles son los productos que prefieren comprar, cuáles son sus programas de TV favoritos, y cuáles lugares en la Internet son los preferidos por la mayoría.

Estos métodos permiten conseguir importantes resultados estadísticos, pero requieren de mayor nivel de escucha. En Estados Unidos existen marcas que buscan siempre acercarse más a su mercado por medio de investigaciones en línea que analizan sus marcas. De esta manera, pueden también detectar los movimientos de su competencia.

Si una marca quiere saber cómo conquistar el mercado de los jóvenes, debe escuchar todo acerca de ellos. Saber qué les gusta, qué no les gusta, cuáles son sus preferencias, tendencias e inclinaciones. Sólo así podrá llegarles de verdad al corazón y seducirlos para que consuman sus productos.

No se puede vender una marca destinada para los jóvenes desde la perspectiva aburrida y anticuada de los adultos... de esos que ellos piensan que no los entienden. ¿Y sabe por qué? Simplemente porque no los escuchan.

Las grandes marcas del mundo que han triunfado en la conquista del mercado de los jóvenes han invertido inmensas cantidades de dinero en escucharlos para luego poder entenderlos y traducir todos sus mensajes publicitarios hacia sus inclinaciones. De esa manera, el producto se volverá ganador.

Eso mismo deben hacer los que quieren posicionar en el mercado un banco, o un medicamento, o un producto para la cocina, o cualquier cosa en el mundo. Si no escuchamos la necesidad y preferencia del público, jamás podremos llegarle de verdad al centro de la comunicación.

Pues eso mismo sucede con la comunicación de un líder con su grupo de trabajo, o de un padre con sus hijos, o de una esposa con su marido, o del presidente de un país con la ciudadanía.

Si no nos ocupamos en escuchar las necesidades, gustos, preferencias, tendencias y pasiones del público que queremos conquistar, jamás seremos exitosos en los resultados.

La escucha de los consultores

Quienes trabajamos en consultoría empresarial como capacitadores de personas de todos los niveles y disciplinas profesionales debemos efectuar como prioridad el ejercicio de escuchar a nuestro auditorio antes de iniciar una presentación pesada y retórica.

A lo largo de los años he comprobado que el éxito de la comunicación está en apuntarle a la necesidad del auditorio. Pero también estoy segura de que es imposible conocer esa necesidad sin antes escuchar la perspectiva de ellos y saber cuál es la dirección que debemos tomar para guiar la capacitación durante ocho, doce, dieciséis o ¡cien horas!

Es impresionante el resultado cuando me enfoco en escucharlos antes de iniciar una enseñanza sobre cualquier tema. No puedo dedicarme a demostrar todo lo que sé porque ellos quieren atención a sus necesidades; que los escuche. Sólo así obtengo los mejores resultados.

Cuando escucho las necesidades de mi público no necesito buscar formas de mercadeo para «vender» mis servicios como consultora empresarial. El efecto del «voz a voz» es genial.

Ellos mismos se encargan de decirle a otra y a otra y a otra empresa que los procesos de aprendizaje son excelentes, óptimos y que es el mejor programa para desarrollar competencias y habilidades profesionales en comunicación. ¿Por qué? Porque mi secreto es e-s-c-u-c-h-a-r antes de llenar a la gente de información.

Todo lo demás que diga, después de haber alcanzado un alto nivel de escucha empática con el auditorio, será bien recibido. Todo entrará en su mente y en su corazón con facilidad. A partir de allí, todo es posible. Todo cae bien. Porque ya los llevé al nivel más alto de la comunicación: escuchar.

Si se trata de una consultoría donde debo sentarme por horas en una junta directiva empresarial para asesorarlos en los procesos de comunicación internos de la compañía, con mayor razón debo ejercitar la estrategia número uno del éxito de un asesor empresarial en cualquier campo: escuchar. Sólo así puedo contemplar el cuadro completo y aportar conclusiones sabias. Sólo así puedo llegar a construir una estrategia exitosa para la empresa que la lleve a cumplir sus metas, a partir de una comunicación fluida y de un liderazgo asertivo.

Cuando a partir de una comunicación asertiva en el marco de la inteligencia emocional comienzo a entrenar a los jefes para lograr mayores resultados en su gestión, lo primero que debo concientizar en ellos es: ¡escuchar, escuchar, escuchar!

CAPÍTULO 3

Cinco detectores
de la escucha empática

Un buen comunicador de la escucha no busca verse interesante con su magnífica expresión oral, sino mostrarse interesado por lo que el otro dice. Sólo puede decirse que una persona sabe tener una escucha activa cuando puede atender de manera intencionada, con evidencias de comprender y ser empático (ponerse en el lugar del prójimo).

No basta con oírlas, es necesario escuchar a las personas y, lo más importante, conocer la diferencia entre oír y escuchar.

Dentro de la escucha existen diferentes niveles de acuerdo con la calidad de la atención prestada. En eso radica todo: en atender al otro.

Puedo oír a alguien cuando me habla, pero no escuchar sus intenciones, afectos, simpatías, disgustos, dolores, proyectos, informes, resultados. Esto quiere decir que al oír, sólo estamos recibiendo, por el sentido físico natural de la audición, los sonidos y el ruido que viene del otro. Pero al escuchar, estamos sintonizándonos con la persona, conectándonos con sus pensamientos y sentimientos.

Es más, cuando escuchamos, estamos demostrando la actitud de nuestro corazón; el verdadero talante de un líder interesado en el proyecto de grupo. No sólo en nosotros mismos.

Cuando hablamos de servicio al cliente, no debemos olvidar que clientes son todos los que nos necesitan: externos e internos. Son los compañeros de trabajo, los amigos de la empresa y hasta la familia.

Una manera de medir si la persona me atiende o no, es con el nivel de dinamismo que le aplique a su escucha.

Para que la escucha se pueda llamar dinámica, es necesario que intervengan varios factores determinantes en el proceso. Estos son los cinco detectores de la escucha dinámica:

1. Atención total

Sin distracciones de computadores, periódicos, televisión, teléfono o cualquier otro aparato ruidoso.

Sin el ruido de mis propios pensamientos que me alejan de lo que dice la persona que necesita ser atendida y me dice a gritos: ¡escúchame!

Si comienzo a hacer cualquier otra cosa, mientras la persona me habla, eso no es escuchar; sin embargo, me autoengaño y le digo: «Habla, que te estoy escuchando», mientras juego Nintendo, o contesto los correos electrónicos o veo una película o le cambio el agua a las flores.

Para escuchar necesito ejercitar la capacidad de concentrarme en lo que me dice el otro. Así como para escribir es necesaria la concentración en el texto. O para hablar se requiere la atención al público.

Olvídelo. Es imposible escuchar sin atender. Quien diga que puede está mintiendo. Aun cuando tenga las mejores intenciones de terminar un trabajo importante y al mismo tiempo atender a las personas. No se puede.

2. Actitud de interés

Además de la postura exterior, para escuchar de verdad es necesaria una actitud interior firme y resuelta de interés hacia lo que oigo.

La actitud debe indicar que tengo ganas de atender. El entusiasmo por recibir lo que el otro me dice es el detector para saber si de verdad me quiere escuchar.

Después de años de maduración en este tema, hoy le puedo decir que si veo que una persona no muestra interés por lo que digo, prefiero no seguir en el desgaste de comunicarle algo porque sé que voy a perder el tiempo. Cada año que pasa entiendo más que el tiempo vale mucho. Prefiero decirle: «Avíseme cuando tenga un tiempo de modo que podamos tomar un café y conversar para que así me pueda escuchar. Entiendo que está muy ocupado y no quiero interferir en sus asuntos».

Por años yo luché con la necesidad de ser escuchada llegando al colmo de perseguir a una persona por el corredor para que prestara atención a mis razones.

Es absurdo. Si la persona está distraída, ensimismada, apartada, desconectada, sus oídos estarán cerrados a toda la retahíla de ideas agolpadas que salen a borbotones de su boca y que parecen gritar con angustia: ¡escúcheme!

Puede costar años entender que para ser escuchado se necesita el interés del otro. No basta con dejar fluir todos sus pensamientos y sentimientos como un volcán en erupción.

Una sugerencia: la mejor forma de descansar el alma y el espíritu, y sentirse de verdad atendido es ser escuchado por Dios cada mañana. Sus oídos siempre están atentos. Luego, intente escucharlo a Él. Sentirá que está lleno y no necesitará buscar que lo entiendan a medias y a la fuerza.

Entonces saldrá al mundo con la convicción de que todo está bajo control. Se lo garantizo. Es la escucha infalible.

El paso a seguir es comenzar a ocuparse en detectar con inteligencia cuando alguien está de verdad interesado en escuchar lo que dice.

Si ya está claro que el espacio está dispuesto, comuníquele todas sus interesantes ideas y relate sus buenas historias. Si no, prefiera callar. Y será más feliz.

Ejercite el difícil entrenamiento de callar. Cuesta años de ensayo y errores. Pero no desperdicie su capacidad de comunicación con personas que no le van a escuchar.

Recuerde la sabiduría proverbial: «Uno es dueño de sus silencios y esclavo de sus palabras».

Es preferible que escuchen su silencio a que ignoren sus palabras.

Y como la regla de oro de la empatía es tratar a los otros como quisiéramos ser tratados, comience a escuchar a las personas como a usted le gustaría que lo escucharan. Elimine de sus códigos de comportamiento el ignorar a los demás. Abra espacios inteligentes y responsables para escuchar a quienes le rodean.

No es necesario que interrumpa sus mejores momentos de esparcimiento o de trabajo para escuchar. Sólo disponga de su tiempo responsablemente para lograrlo y muestre en esos minutos y horas de escucha todo el interés posible por las personas. Créame: lo admirarán y amarán.

3. Mirada atenta

Se puede saber a través de la mirada qué tan interesada está una persona en lo que usted dice.

Por eso no debe estar escurrido en la silla o mirando para otro lado sino que debe colocarse en posición de alerta inmediata, como listo para atender y ejercer acciones efectivas.

La mirada atenta es definitiva para un proceso de escucha. Casi que podríamos decir que a uno lo escuchan, o uno escucha, con la mirada. Es en el proceso de atención donde, más allá de la audición, comienzan a funcionar todos los sentidos.

Si alguien dice que es capaz de atender a otro en una conversación interpersonal, sin mirarlo, está equivocado. Es sólo una disculpa para continuar mirando para otro lado y no darle a la persona la atención plena que merece.

Es tan importante la mirada en la escucha que si alguien está en medio de una charla con otra persona y esta comienza a distraerse y a mirar a la gente que pasa, o a la pareja de al lado, o mira de reojo los papeles acumulados sobre el escritorio, el nivel de la comunicación ha comenzado a descender en picada.

Mirar con atención a las personas mientras hablan implica un nivel alto de conexión. Comienzan a sentirse casi que «escaneadas», comprendidas y, lo más importante, valoradas.

La persona que mira a los ojos cuando habla con otra, genera mucha confianza, de la misma manera que la que no lo hace sino que evade la mirada y comienza a dirigir la vista para todos lados genera desconfianza e inseguridad.

Las mujeres en especial, cuando hablamos, exigimos mucha atención. De verdad necesitamos ser escuchadas pero, infortunadamente, la mayoría de los hombres no lo entienden; por eso se distraen mirando el partido de fútbol, los juegos de videos, el periódico... lo que sea. La mujer, ante esa reacción de su interlocutor, se siente decepcionada y ofendida porque quiere toda la atención cuando habla aunque se trate del tema más sencillo.

Pero esta exigencia no se debe a un simple capricho femenino. También a los hombres les importa que se les atienda; de lo contrario, se sentirán rechazados y subvalorados lo cual pude empezar a generar un distanciamiento progresivo en la comunicación.

Si de verdad nos interesa ser empáticos, subir el nivel de la escucha y que los resultados de la comunicación sean efectivos, tenemos que escuchar con la mirada. Porque a través de la mirada podremos escuchar mucho mejor lo que nos quiere decir la otra persona, Y, además, podremos interpretar su comunicación no verbal, que muchas veces habla más fuerte que las palabras.

4. RESPUESTA CON ENERGÍA

Para demostrar que está escuchando, debe dar respuestas con la cabeza, la sonrisa, la mirada o con algún gesto de expresión oral que permita a quien le habla saber si está interesante o no lo que usted le dice.

La energía que usted le imprima a la dinámica de escuchar hará que la persona se sienta de verdad entendida y valorada; pero, si por el contrario, en medio de la conversación la actitud de quien escucha es de desánimo, desinterés, distracción, pereza, apatía... pues por más que intente convencer a quien habla de que sí está interesado, jamás lo creerá. Uno escucha con la actitud.

La respuesta positiva, llena de pasión y de energía que usted le dé a la persona que escucha, la llevará a dar mucho más de ella misma en el proceso de comunicación.

Por eso cuando le hablen, disponga cada fibra, cada músculo, cada pedazo de su ser para escuchar. De esa manera, aunque usted no diga nada, la comunicación será muy interactiva.

Si se trata de una conferencia, tome apuntes. Si es una reunión de comité, haga preguntas inteligentes, y diga que sí con la cabeza cuando el otro le hable y necesite su interacción personal.

Muestre interés. Desarrolle todo su interés cuando se trata de escuchar. El interés es un «músculo» que va a tener que empezar a desarrollar, porque hasta ahora probablemente ha estado muy debilitado. Necesita trabajarlo a punta de ejercicios de escucha dinámica. ¡Escuche con todo!

5. PREGUNTAS INTELIGENTES

La escucha dinámica sabe analizar y espera el momento oportuno para lanzar preguntas inteligentes que agreguen valor a la conversación, que lleven al orador a lucirse.

Después de escuchar, mirar, interpretar, asentir con la cabeza y ponerle toda su energía a la actitud, lo que sigue es que usted realice preguntas inteligentes para dar retroalimentación permanente a la charla.

Las preguntas pueden ser la fórmula perfecta para concluir una reunión y lograr acuerdos, compromisos, tareas, etc.

Con preguntas bien hechas usted puede además dejar claros los puntos que más le interesa resaltar de la presentación. De esta manera, podrá saber si entendió bien y concretar todos los puntos uno por uno.

EMPATÍA: «PONERSE EN LOS ZAPATOS DEL OTRO»

Empatía es la capacidad de reconocer las necesidades, sentimientos, actitudes y circunstancias que afectan a las personas a nuestro alrededor. Es la habilidad de ponernos en el lugar de los demás e identificarnos con sus sentimientos más allá de lo emocional. Porque no depende de si queremos o no. La empatía es un valor que se vive independientemente de los estados de ánimo o deseos interiores que por lo general son variables.

La empatía implica generosidad y comprensión. Olvidarnos de nosotros mismos y considerar los asuntos de los demás. Detenernos a pensar un poco en los seres que nos rodean, con los que por lo general pasamos mucho tiempo juntos, pero con poca comunicación.

La empatía es una habilidad fundamental de la comunicación interpersonal. Permite la comprensión de las personas. Por eso es determinante para captar la profundidad del mensaje del otro. Sólo de esa manera se podrá establecer un diálogo. De lo contrario, su conversación será sólo un monólogo. O un soliloquio absurdo.

La capacidad de escuchar para comprender los pensamientos y sentimientos de otros produce la llamada «simpatía», amigable, cálida y afectuosa.

Por eso, la empatía es un elemento clave para detectar la llamada inteligencia emocional de una persona. Su capacidad de autorregulación para el dominio de la comunicación en el día a día. Para responder al otro, o reaccionar de manera positiva. La empatía garantiza el éxito de las relaciones interpersonales; es esa habilidad que nos permite ser sensibles y conscientes ante las señales de los sentimientos de quienes nos rodean. Ser empáticos nos capacita para leer las emociones de los individuos a nuestro alrededor.

Si logramos emplearla con efectividad, la empatía nos ayudará a perfeccionar todas las relaciones. El detectar los sentimientos y necesidades del prójimo puede convertirse en nuestro «sensor» social.

Por esa razón, la empatía es una herramienta para promover valores como el respeto, el trabajo en equipo o la asertividad del liderazgo. Motiva la calidez y, lo más importante, disminuye la falta de escucha.

La incapacidad de desarrollar una comunicación empática se evidencia en la falta de escucha a las emociones del otro; se plantea como una falla en la capacidad para interpretar sus necesidades.

La empatía se convierte en una especie de GPS que nos guía hasta llevarnos al punto exacto de las relaciones exitosas. Sin el GPS, lo más seguro es que tengamos que devolvernos para «recalcular» el rumbo.

Por lo general, pensamos que conocemos bien las necesidades del otro. Pero la verdad es que sabemos muy poco acerca de ellas porque no nos preocupamos por profundizarlas más.

Una forma perfecta de escuchar de manera empática es distinguiendo no sólo los sonidos audibles y verbales sino interpretando la comunicación no verbal, que a veces habla mucho más fuerte que la verbal. Los gestos, las expresiones y ademanes, la postura, el tono, el volumen de la voz, la conexión con la mirada todo cuenta si de verdad queremos escuchar. A veces, hasta el mismo silencio nos puede hablar más fuerte que las palabras. Pero debemos aprender a concienciar y a interpretar esta forma. A veces, pequeñas señales nos pueden decir mucho más que todo el ruido del mundo. Pueden ser señales aparentemente insignificantes pero la empatía nos permite detectarlas y valorarlas en forma sensible.

Características de los empáticos

Las personas empáticas permiten la retroalimentación de los demás; no ignoran las señales que ellos les envían con cada cosa que dicen, o que no dicen. Lo que más les importa son las relaciones. Por eso, son muy sensibles a detectar cualquier cosa que pueda ponerlas en riesgo.

Son capaces de mantener en balance aún los desacuerdos con el otro, pues su capacidad de escucha incluye permitir las pluralidades y el equilibrio para aceptar las diferentes opiniones sin que necesariamente las suyas tengan que verse afectadas.

La sensibilidad hacia las necesidades y sentimientos de los demás, les permite reflexionar sobre sus propias emociones y actitudes personales. Viven en un continuo proceso de mejoramiento personal porque al escuchar las necesidades del prójimo, se motivan a cambiar aquello que puede afectar a los demás y dañar las relaciones interpersonales.

Comunicación no verbal

Es la parte del mensaje que se transmite a través de gestos, expresiones y movimientos corporales. El significado varía según la cultura, etnia o grupo social.

Características de la comunicación no verbal:

* Ocurre de forma continua.
* Puede utilizar más de un canal a la vez.
* Es ambigua.
* Se manifiesta de modo consciente e inconsciente.
* Es reconocida por personas de otras culturas.
* Desempeña una función limitada.

Funciones de la comunicación no verbal:

* Complementa la comunicación oral o escrita.
* Sustituye el lenguaje verbal.
* Contradice el lenguaje verbal.
* Regula el flujo de la conversación.

La atención se dificulta porque...

- Nos concentramos en algún problema, asunto pendiente o recuerdo.
- Oímos las palabras pero no comprendemos el mensaje.
- Comprendemos momentáneamente el asunto escuchado.
- Presumimos que ya sabemos todo lo que se va a decir.

CAPÍTULO 4

Principios y valores: Cinco principios del que sabe escuchar

1. Sensibilidad

Uno de los principios fundamentales para el desarrollo de la habilidad de escuchar es ser sensible, perceptible a lo que el otro le quiere decir, no sólo con su comunicación hablada sino también con su mensaje no verbal.

La sensibilidad es un principio básico para lograr un alto nivel de escucha, más allá del ruido de las palabras.

He realizado campañas globales de sensibilización en los medios de comunicación acerca de temas como la niñez desplazada en mi país. También he realizado programas de sensibilización interna a nivel organizacional para alinear los valores corporativos con los personales en cada funcionario de las empresas del sector financiero. Y mi gran conclusión en todos estos procesos es que no puede haber sensibilización si no enseñamos primero la habilidad comunicacional de escuchar.

Una persona sensible es alguien que sabe escuchar, que permanece con las antenas orientadas hacia las señales de quienes le rodean. Unas antenas que, además, son altamente sensibles a cualquier sonido externo.

Esa sensibilidad le ayuda a interpretar lo que sucede a su alrededor y a actuar a favor de los otros.

La sensibilidad es un principio que lleva a la acción a favor de los demás. De la entidad. De la familia. De la comunidad.

Al ser sensible a las necesidades de los otros, el sentido de la escucha se agudiza al punto que es posible percibir aún mucho más allá de su propia zona de confort e ir en busca de soluciones para resolver y satisfacer las necesidades de quienes le rodean.

2. RESPETO

Para escuchar es necesario practicar el principio del respeto mutuo como un principio de vida. Si enseñamos a los hijos a respetar, les estamos dando las herramientas para practicar el principio de la escucha.

Antes de entrar a un lugar donde hay un grupo de personas reunidas y antes de involucrarme en la conversación o lanzar comentarios, debo afinar el oído para escuchar en qué se encuentran ellos. Eso es respeto.

Cuando un hijo, uno de los miembros de la pareja o alguna persona de la compañía comienza a hablar, en vez de interrumpirla, debo practicar el principio del respeto y permitirle que exponga todas sus ideas. Sólo cuando vea que ha concluido, entonces puedo iniciar las mías. Eso es respeto. No obstante, para lograrlo es necesario que antes aprenda el valor de escuchar.

Por eso, puedo asegurar que escucha y respeto van de la mano.

Si respeto los sentimientos de la otra persona puedo escuchar lo que me dice su corazón. De esa manera las relaciones sentimentales pueden prosperar. De lo contrario será imposible cultivar una amistad y es muy probable que la relación termine estropeándose.

Recuerdo que, en cuanto a las relaciones de pareja, mi abuela decía que cuando se pierde el respeto, se pierde todo. Creo que tenía toda la razón. Y estoy segura que lo primero que se pierde, al perderse el respeto, es la capacidad de escuchar al otro.

Sea la pareja o el jefe, sea un amigo o un enemigo, la necesidad de ejercitar el principio del respeto fundamentado en la habilidad comunicacional de escuchar, es de verdad urgente.

Respetar es escuchar. Y cuando escucho, respeto.

3. Entrega

No obstante, más allá del principio fundamental y universal del respeto, el asunto de la escucha implica un ejercicio mayor. Implica la entrega al otro.

Cuando trato de escuchar a los otros, les estoy entregando algo más de mí. Les estoy entregando mi tiempo, mi silencio, mis ganas de hablar en forma desbordada, mi interés, mi capacidad de ser sensible a sus necesidades.

Quien escucha desarrolla la vocación casi sagrada de entregarse a la causa del otro. Escuchar tiene que ver con amar, con dar de sí mismo, con dejar de pensar en el beneficio que se puede obtener y comenzar a pensar en el otro para darle lo mejor de uno mismo. Por eso creo que escuchar es uno de los actos más sensibles que tiene el proceso de la comunicación, porque implica la entrega de uno mismo a los demás. La disposición para atender.

4. Valoración

Sin embargo, para lograr respetar y entregarse a los demás para escucharlos, debemos profundizar en un valor aún más alto: la valoración del otro individuo. Porque si no logro valorar al otro, ¿cómo lo voy a escuchar?

Por eso es tan importante enseñar a las personas la habilidad que se conoce como la valoración del individuo.

Con nuestra empresa PRESS IN Comunicación Inteligente desarrollamos un programa especial de capacitación llamado así: «Valoración del individuo».

La genuina valoración implica conocer la necesidad de:

* Ser entendido
* Sentirse importante
* Ser tenido en cuenta

Es valorar a las personas más allá de considerarlas un mero recurso humano, una pieza de producción. Sólo así podremos desarrollar la habilidad de escucharlos.

5. PRUDENCIA

Aquí debemos aclarar algo. Escuchar no implica quedarnos callados y no volver a opinar. La persona que sabe escuchar, maneja el principio de la prudencia. Con el equilibrio que da la asertividad, sabe muy bien cuándo callar y cuándo hablar.

La escucha dinámica no implica, por otra parte, sostener una paternidad falsa con la persona a quien escucho, que me obligue a comprometer principios de calidad de los procesos, sólo por agradarlo y consentirlo en todo lo que se le ocurra. Con esto quiero decir que, si bien debo practicar la escucha con mucha empatía y sentido de altruismo, también debo tener en cuenta que es necesario fijar los límites. Porque la valoración del individuo también incluye como respuesta:

- Lograr una confrontación sana.
- Decir no a las cosas que podrían afectar a otros.
- Desarrollar la cultura de «te aprecio mucho, pero no puedo decirte que sí a todo».
- Desarrollar disciplina con las respuestas al equipo o la familia, para conseguir equilibrio en la comunicación.
- Estar dispuesto a «negociar» algunas propuestas, pero jamás los valores.

CAPÍTULO 5

El perfil de quien escucha: La madurez

La persona que sabe escuchar ha desarrollado una virtud muy particular hacia los demás. A esto se le llama consideración. Esta capacidad permite ver los asuntos de los demás como muy importantes y por encima de los propios.

Es impresionante ver cómo la gente madura en la escucha considera tanto al otro que puede llegar a entender y comprender sus problemas, situaciones y estados de ánimo, casi que con mayor claridad que la misma persona que los está viviendo. Como consecuencia, muestran por lo general una disposición para darle soluciones, respuestas y consejos maduros, que afectarán en forma positiva la vida de esa persona, muchas veces para siempre.

Por lo general, los maduros en la escucha no emiten juicios acerca de los demás ni cambian con facilidad su disposición interior con pensamientos negativos tales como: «Qué pereza, ya llegó esta fastidiosa», o «Va a empezar de nuevo con sus babosadas», o «¿Por qué no se callará y deja de molestarme?», o «De nuevo con sus interrupciones».

Tampoco tratan de no defraudar a las personas que se acercan a ellos. Por anticipado entienden que, si lo hacen, es porque necesitan ser escuchados y lo consideran demasiado importante.

En caso de que no puedan atenderlos en ese momento, lo saben expresar con amabilidad y sin causar daño a la persona, ignorándola o maltratándola, sino con suficiente valoración y empatía.

Por eso, aunque le digan que no pueden atenderla, esa persona sentirá como si la hubieran escuchado. Luego, al desocuparse, no dejan pasar mucho tiempo para buscar a la persona y prestarle atención.

La actitud de los maduros para escuchar incluye también no demostrar afán, ni pereza, ni agotamiento, ni distracciones, ni responder con palabras ásperas y cortantes. De esta manera no sólo logran elevar su competencia de comunicación, sino el de su educación. Porque consideran que no escuchar es una falta de respeto.

Para conseguir esa madurez en la escucha se requiere alcanzar autoregulación y el autocontrol de la inteligencia emocional; llegar al punto de convertirse en mentores de la gente. Les infunden mucho ánimo con sus palabras motivadoras, con sus gestos de afirmación como darles la mano o brindarles una sonrisa afectuosa. En especial, si la persona a la que están escuchando está sobrellevando una cantidad de problemas y adversidades.

La madurez emocional es, sin duda, indispensable para el proceso exitoso de la escucha. Las relaciones interpersonales se enriquecen a través de alguien que la practica. Por eso, las personas que se interesan por escuchar cultivan también valores tales como la solidaridad, el respeto, la amabilidad, la generosidad, la lealtad, la confianza mutua y, por encima de todo, la comunicación asertiva.

Los maduros en la escucha nunca utilizan como disculpa o excusa su falta de tiempo o su estrés continuo por las muchas ocupaciones, sino que siempre están atentos a las oportunidades para servir a otros, conocerlos y tratarlos con bondad. La escucha es la llave que le permitirá abrir puertas maravillosas al tiempo que le dará la mejor imagen frente a los demás.

A las personas que saben escuchar se las calificaba no sólo como maduras sino como amables, gentiles y bien educadas. Cuando son evaluadas se las califica como óptimas y excelentes y se las considera extraordinarias.

ASPECTOS BÁSICOS
PARA UNA ESCUCHA MADURA

Para optimizar los resultados del comportamiento y las relaciones a partir de un clima positivo, de respeto, de atención y de mucho interés en la comunicación uno a uno, es necesaria una escucha madura y tranquila que produzca confianza en el auditorio o en el individuo.

Lo paradójico es que sabemos que escuchar es importante, pero pocos sabemos escuchar de verdad.

No es fácil conseguir ejecutivos que sepan escuchar porque la mayoría se interesa más en lo que va a decir después que la otra persona termine de hablar que en reconocer sus emociones o necesidades.

En estudios serios sobre los perfiles y habilidades de directivos empresariales exitosos, al lado de su alto nivel de comunicación efectiva aparece la de escucha dinámica.

CAPÍTULO 6

La actitud del que escucha: La sabiduría

Si escuchar es el resultado de callar, y callar es un principio propio de los sabios, entonces quienes escuchan son doblemente sabios.

Al escribir los dos libros que representan la sabiduría en la Biblia, Proverbios y Eclesiastés, el rey Salomón relacionó la capacidad de callar y escuchar con una habilidad de sabios.

Salomón le pidió a Dios sabiduría, como si fuera un tesoro más valioso que el oro. Esto le agradó a Dios y por eso lo hizo el hombre más sabio de la tierra y, además, le concedió tantas riquezas como nadie había soñado jamás. Hoy se habla de la «sabiduría salomónica» como un concepto, para calificar aquellas decisiones inteligentes, sensatas y justas que se toman para la resolución de conflictos.

Ante el rey Salomón llegaron dos mujeres exponiendo dos versiones distintas sobre un mismo incidente y pidiéndole que juzgara. Ambas vivían en la misma casa y ambas habían dado a luz en el mismo tiempo. Sin embargo, uno de los bebés había amanecido muerto, según una de ellas porque la otra mujer lo había aplastado con su cuerpo mientras dormía. Esta, sin embargo, rechazaba tal versión diciendo que el niño muerto era de quien la acusaba. Ante las reiteradas acusaciones mutuas, Salomón mandó traer una espada y dio orden para que al niño vivo se lo partiera por la mitad y se diera a cada una de las mujeres una parte. Una de ellas, aceptó el veredicto del rey en tanto que la otra lo rechazó, prefiriendo que la otra mujer se quedara con el niño antes de verlo muerto. Las reacciones de ambas dijeron claramente al rey cuál de las dos era la verdadera madre y cuál mentía. Entregó el bebé a la mujer que estuvo dispuesta a perderlo con tal de que no lo mataran.

Me impacta la sabiduría de Salomón que le permitió conocer la verdad y ser justo en el juicio. Las mismas mujeres le habían dado la solución por la forma en que reaccionaron ante el peligro de muerte del bebé. Fantástico. De película con trama de suspenso y acción. Sin embargo, lo que más me impresiona de este relato, apto para un guión cinematográfico, es la forma como Salomón llegó a esta conclusión. Antes que nada, tuvo que escuchar y no sólo las palabras, sino las actitudes, que a veces nos hablan mucho más fuerte que las palabras. La gracia estuvo en dejarlas actuar para poder entender.

Muchas veces tomamos decisiones apresuradas o juzgamos situaciones a priori porque no nos detenemos a escuchar las respuestas de las personas, mucho más allá de sus propias voces.

Si Salomón no hubiera tenido la sabiduría que tuvo para escuchar, sabiduría que le había sido dada por Dios como un tesoro, no habría podido juzgar con inteligencia; entonces seguramente que el libreto de la película habría sido otro: la mamá mentirosa y homicida se hubiera quedado con el bebé y la mamá auténtica se habría muerto de dolor por su hijo y por la injusticia, algo así como lo que sucede a diario en nuestros países con las mujeres que padecen pobreza y violencia hacia ellas y sus hijos. Pero gracias a Dios que Salomón escuchó la voz de la verdad. No se apresuró por lo primero que oyó, sino que puso en acción su discernimiento, a partir de un ejercicio simple pero determinante: escuchar.

Eclesiastés 12.9 lo resume así: «Y cuanto más sabio fue el Predicador, tanto más enseñó sabiduría al pueblo; e hizo *escuchar*, e hizo escudriñar, y compuso muchos proverbios. Procuró el Predicador hallar palabras agradables, y escribir rectamente palabras de verdad» (énfasis agregado).

Practiquemos, usted y yo cada día más este importante ejercicio de escuchar para poder tomar decisiones sabias y adquirir cada vez mayor discernimiento acerca de todas las situaciones que suceden a nuestro alrededor.

Si trasladamos la situación al día de hoy, donde enfrentamos situaciones cotidianas que nos obligan a decidir entre una y otra verdad, podemos ver con pesar que muchas veces nos dejamos guiar por lo primero que vemos y oímos y no nos detenemos a escuchar. No advertimos las señales no verbales que nos muestran los sentimientos de las personas. Sus actitudes, gestos, reacciones...

Si el mundo fuera tan siquiera un poco más sensible para escuchar esas señales, sería más justo y más sabio, como Salomón, que escribió cientos de proverbios referentes a la sabiduría de callar y escuchar:

Hasta el necio pasa por sabio e inteligente cuando calla y guarda silencio. (Proverbios 17.28, DHH)

El que mucho habla, mucho yerra; callar a tiempo es de sabios. (Proverbios 10.19, DHH)

También el apóstol Santiago, en su carta, se pronunció acerca de la sabiduría y la relacionó con la capacidad de callar y escuchar:

Recuerden esto, queridos hermanos: todos ustedes deben estar listos para escuchar; en cambio deben ser lentos para hablar y para enojarse. (Santiago 1.19, DHH)

Mi amigo Carlos Gustavo Álvarez, periodista, escritor y columnista de Portafolio en *El tiempo* de Bogotá y, además, gerente de comunicaciones de algunas de las más importantes entidades de telecomunicaciones en Colombia, acaba de publicar un libro titulado *En boca cerrada: Reflexiones para saber hablar o callar,* donde menciona los proverbios y frases relacionados con la maravillosa virtud de callar. Lo recomiendo. Fue publicado por Uniediciones y lo deja a uno con la boca cerrada.

Sólo si callamos podremos escuchar con sabiduría para alcanzar el éxito. Por algo dice el proverbio: «La sabiduría viene de escuchar... de hablar, el arrepentimiento».

CAPÍTULO 7

La condición humana y la escucha según los perfiles y temperamentos personales

Así como lo hicimos en los libros anteriores de esta serie, también se puede medir la forma de escuchar de las personas y sus habilidades de escribir y realizar presentaciones de alto impacto más asertivas y persuasivas partiendo de sus perfiles y temperamentos.

La forma de escuchar es uno de los indicadores más seguros de cómo son los individuos, su formación personal, su carácter y su personalidad.

Por eso, volvamos a clasificar los perfiles de comunicadores según la tipología de los cuatro temperamentos planteada por Hipócrates. Para el sabio griego, padre de la medicina, las personas se clasifican por su «temperatura» interior en sanguíneos, coléricos, melancólicos y flemáticos.

Incluiremos aquí los tipos de escucha para cada uno de los cuatro temperamentos. Espero que, mientras los lee, comience a identificarse con alguno de ellos. Puede tener aspectos de dos o tres de ellos, pero siempre habrá uno que predomina. Fíjese bien en los cuatro y conseguirá ubicar su identidad como comunicador al escuchar, así:

PERFIL 1: MOTIVADOR (SANGUÍNEO)

Nivel de escucha: Muy bajo

El temperamento sanguíneo, superextrovertido, chispeante, hipercálido, excelente para hablar y comunicarse en público, por su capacidad de llamar la atención y ser el centro de cualquier fiesta desde niño, que se siente tan cómodo en la tarima y habla a todo volumen en los pasillos, tiene como una de sus principales debilidades la falta de escucha.

Aunque habla velozmente y siempre quiere expresar lo que piensa y siente con rapidez impresionante, el temperamento sanguíneo —siempre motivador— no es precisamente el que mejor escucha. Al contrario, parece que es, de los cuatro, el más débil en esta habilidad tan importante de la comunicación.

Su capacidad de pensar a velocidades alarmantes hasta en dos y tres cosas a la vez, su sistema nervioso casi volcánico, su necesidad de ser escuchado, llamar la atención y ser agradable a todos, le impide detenerse a guardar silencio y escuchar a otros o permitirles hablar mientras guarda silencio.

¿Qué necesita cambiar el motivador/sanguíneo?

Para lograr desarrollar la capacidad de escuchar, el motivador sanguíneo necesita desarrollar la habilidad que más trabajo le cuesta en este mundo: callar y permitir que otros sean el centro de la reunión.

Si ya logró hablar con un volumen más bajo y prudente, ahora el paso más alto hacia su madurez comunicacional es estar callado la mayor cantidad de tiempo posible. Sólo así logrará empezar a escuchar a quienes le rodean.

Para conseguirlo, comience con tiempos específicos. Por ejemplo: si va a tener una reunión con amigos en casa, deje el reloj a la vista y contabilice la cantidad de tiempo que permanece hablando mientras los demás no pueden musitar ni media palabra.

Al cronometrar sus silencios, el motivador/sanguíneo podrá controlar mucho mejor el hábito de mantenerse hablando y comenzará a desarrollar la fortaleza más importante: la de escuchar. Es probable, sin embargo, que al principio le cueste trabajo e incluso sienta que está fracasando en el intento. Quizás en algún momento le dirán: «déjame hablar que no he terminado», porque persistirá en la mala costumbre de hablar y hablar y hablar sin tener en cuenta a los demás.

Es que para escuchar no se puede ser egocéntrico, y ese es el principal defecto del sanguíneo: siempre quiere estar en el centro. Por eso, necesita quitarse de ese lugar de protagonismo, renunciar a él, y comenzar a dejar que los demás tengan la oportunidad de hablar.

Si al intentar cambiar y callar para escuchar sigue intentando ser el dueño de la palabra, no debe darse por vencido pues llegará el momento en que logrará su objetivo. Lo importante es que tome conciencia de su debilidad y luego podrá cambiarla. Una excelente manera de conseguirlo es aceptar que su insistencia en hablar es una falta de educación y, sobre todo, un defecto que causa daño a su imagen. Si logra convencerse de que estar en silencio y escuchar es la mejor forma de ser un excelente protagonista, entonces podrá vencer este problema de su falta de escucha.

Un buen comienzo es hacerlo con pequeñas dosis de atención a los demás. Y luego ir aumentándolos a medida que logra crecer en su escucha. En la medida que lo logre, se sentirá tan bien que descubrirá que tiene una capacidad que permanecía desperdiciada: la de atender a los demás con calidez y ser amable con ellos. Y sentirá que su crecimiento personal mejorará en forma poderosa.

Cuando un motivador superextrovertido se dedica a escuchar se torna dulce con las personas, porque logra canalizar su capacidad de ser amigable y sensible al escuchar y no al hablar.

Mientras escucha, el motivador sanguíneo sentirá que se vuelve mucho más tranquilo, relajado, centrado y sensible llegando a alcanzar su punto de equilibro en la comunicación. Su sensibilidad a las relaciones interpersonales podrá ser mucho mejor canalizada y logrará niveles muy altos de impacto.

Este es un ejercicio que deberá practicar durante toda la vida como quien sabe que para conseguir el cambio que le permita lucir mucho mejor y sentirse extraordinario debe trabajar sus músculos abdominales aunque le duela.

PERFIL 2: PRAGMÁTICO (COLÉRICO)

Nivel de escucha: Bajo

El perfil del pragmático, con su temperamento colérico, es extrovertido y práctico por naturaleza aunque no tanto como el motivador sanguíneo hipercálido. Es algo egocéntrico, por lo cual no escucha con facilidad. Le importa el objetivo.

Aunque no le interesa llamar la atención ni agradar a los demás sino mostrar resultados, por eso mismo se convierte en un oyente frío que no le interesa escuchar sino llegar a la meta. Esto lo proyecta hacia los demás como calculador, tajante y hasta un poco tosco.

El perfil del pragmático (colérico) tampoco cuenta con la habilidad de la escucha, porque se caracteriza por ser un poco obstinado. Hace lo que quiere, cuando quiere y como él quiere, y espera que todos a su alrededor hagan las cosas como a él le parecen. Por eso, sólo ordena y manda de manera autocrática y le cuesta mucho escuchar los sentimientos y emociones de las personas a su alrededor y ser sensible a ellos.

Todo lo que no sea producir, producir y producir le resulta cursi y hasta ridículo. Es más, le molestan las explosiones de alegría, la calidez y el ánimo festivo del sanguíneo motivador, los detalles románticos y los ideales utópicos del melancólico perfeccionista y los destellos de diplomacia tranquila y lenta del dulce y tan sociable flemático.

Para él lo único que cuenta es lo práctico y objetivo. De esa manera, escuchar otra forma de expresión es una misión demasiado difícil aunque no imposible.

Para lograr desarrollar la habilidad de escuchar el pragmático colérico debe hacer callar su propia voz interna que le pide resultados como si eso fuera lo único importante. De esa manera, conseguirá comenzar a escuchar a lo lejos las necesidades de los demás y ser un poco más sensible y menos frío ante sus demandas de atención.

Es más, si se lo propone, podrá comenzar a disfrutar las pequeñeces de los detalles que analiza con tanta meticulosidad el perfeccionista melancólico. Y se le convertirá en deleite la risa apasionada a carcajada abierta de los motivadores sanguíneos, incluso podrá comenzar a reír con ellos y a escuchar su necesidad de afirmación y aprobación.

¿Y por qué no? Un día hasta podrá caminar al paso lento de un diplomático flemático que habla al mejor estilo inglés, disfruta con parsimonia el té de las 5:00 de la tarde y disfruta dormir porque su mayor delicia es descansar y estar tranquilo. Esa será su prueba de fuego en la escucha: la paciencia.

Para poder escuchar, el pragmático requiere practicar un valor fundamental, un principio de convivencia: la tolerancia. Sin ella, le será imposible lograrlo. Este es el músculo que deberá comenzar a afianzar en su carácter. Mucha tolerancia, en dosis extremas, un ejercicio extremo para toda la vida.

Cuando comience a ver los resultados, no dude que se sentirá realizado. Entenderá que escuchar a los demás es más importante que producir resultados y alcanzar objetivos. La clave será que convierta el escuchar en parte de su vida práctica; mejor dicho, que su resultado principal sea atender a una persona y ser sensible a sus expectativas, a sus sueños.

De esta manera se convertirá en una de sus metas prácticas y seguro que la alcanzará, por ese afán de ser competitivo y conseguir lo que se propone. Si se propone escuchar, seguro que lo conseguirá. El asunto es que lo incluya en su agenda de metas de oro de cada año. Entonces disfrutará el cambio. ¡Y la gente alrededor no lo podrá creer!

Debe mantener un detector personal que mida los resultados día a día. Y si llega a fallar y de nuevo comienza a pensar sólo en sus propios objetivos y a atropellar a las personas para conseguirlo sin escuchar sus sentimientos, entonces vuelva a comenzar. No desista.

La idea es que el escuchar se debe volver parte de su estilo de vida. Hasta que lo consiga, no se canse en el intento. Piense que de su habilidad de escuchar depende elevar el nivel de su comunicación, ser una mejor persona y pasar del nivel del «hacer» al del «ser».

Cuando los líderes de las empresas donde capacito en Competencias de Comunicación entienden este nivel de escucha y logran aplicarlo en sus hogares, las esposas me mandan flores de agradecimiento. Piensan que esta metodología que logró hacer sensible a su esposo puede lograr milagros. Y así es. El maravilloso milagro de escuchar.

Perfil 3: Perfeccionista (Melancólico)

Nivel de escucha: Medio

La forma de escuchar del perfeccionista con temperamento melancólico es analítica e introvertida. Por eso permite mayor atención al otro que los temperamentos extrovertidos.

Su debilidad al escuchar es la postura negativa que asume frente al interlocutor, porque por lo general escucha desde la postura de quien ve «el vaso medio vacío y no medio lleno».

Como por naturaleza es tan crítico y posee la habilidad de ver los detalles que están mal y no los que están bien, este oyente por lo general asume la posición de quien escucha desde la oposición.

Mientras la otra persona habla, él siempre está pensando cuál será el riesgo, problema o defecto que pueda presentarse. Aunque está callado y no interrumpe, su postura de perfeccionista —en algunos casos arrogante y prepotente— logra intimidar a su prójimo, que se siente disminuido ante su mirada exigente e incrédula, que no asiente con la cabeza porque prefiere asegurarse primero de que no hay riesgos, inconvenientes o amenazas.

Mientras el motivador sanguíneo activo y entusiasta, apasionado y emotivo, le plantea al perfeccionista melancólico un proyecto de alto impacto, original y dinámico, este está pensando en las dificultades que van a atravesar y los problemas que puede acarrear el proyecto.

Por ser un idealista, su capacidad de escuchar siempre estará afectada y a veces bloqueada por la necesidad de que todo sea excelente y perfecto.

Aunque el perfeccionismo y la excelencia son sus principales virtudes, que lo destacan y lo hacen confiable a los ojos de quienes lo admiran, también son los factores que se convierten en su debilidad para escuchar. Lo limitan en la posibilidad de emprender iniciativas de manera práctica y decidida. Prefiere perderse las oportunidades que correr riesgos que considera innecesarios. Por eso, prefiere decir no a casi todo. O simplemente cruza los brazos y no contesta nada, porque cierra su escucha. En vez de que sea dinámica es estática.

¿Qué necesitan cambiar?

Para lograr escuchar de manera activa y dinámica, con responsabilidad y positivamente, las personas del perfil perfeccionista con temperamento melancólico requieren utilizar como lema de vida el viejo adagio de que «lo óptimo es enemigo de lo bueno».

Su postura al escuchar debe cambiar del lado negativo al positivo. Ni negativo, ni crítico ni pesimista. Debe ejercitar el músculo del pragmatismo y el entusiasmo.

PERFIL 4: PACÍFICO (FLEMÁTICO)

Nivel de escucha: Alto

La forma de escuchar del pacífico con temperamento flemático es extraordinaria. Por su pasividad y capacidad de quedarse quieto, calmado y tranquilo ante cualquiera situación o circunstancia, puede permanecer horas dispuesto de verdad a escuchar a otra persona con verdadera atención. Por eso es el mejor de todos los amigos.

Si se trata de negocios, es un perfecto diplomático que sabe escuchar todas las opciones, que permite la participación de las personas y que toma decisiones con una inteligencia centrada y prudente. No interrumpe ni discute en medio de una conversación por acalorada que estén las otras personas. Prefiere la discreción, y como detesta los conflictos, prefiere ser un espectador pasivo que evita los disgustos y las peleas en aras de conservar su talante de pacificador aplomado y buena persona.

De los cuatro perfiles y temperamentos, el del flemático es el más apto para desarrollar la habilidad de escuchar. Por eso la gente siempre los aprecia y los valora como los más queridos y estimados.

Como disfruta escuchar a los demás, desarrolla una sensibilidad especial para ser considerado amable y conciliador. En cualquier reunión le gusta sentarse a oír a las personas y prefiere quedarse callado a hablar.

También en las reuniones empresariales o en las salas de juntas es un oyente activo que se siente cómodo guardando silencio. Sufre y padece cuando le toca el turno de hablar en público y detesta los escenarios con mucha gente. Prefiere que sea con pocas personas. Y seguro que los escucha a uno por uno, sin ningún problema.

¿Qué necesita cambiar?

Aunque parece un perfecto oyente, por todos esos atributos de diplomático amable y amigable, en algunas ocasiones el pacífico que no es egocéntrico ni le interesa llamar la atención, ni es obsesivo en el cumplimiento de los objetivos ni es un perfeccionista idealista, a veces se caracteriza por ser un poco egoísta.

Es decir, piensa mucho en sí mismo y no le importan tanto los problemas ni situaciones de otros, sólo busca su comodidad y la protección de su propio espacio de confort.

Por eso, su capacidad de escuchar, aunque está en el nivel más alto, se ve muchas veces afectada por su terquedad que le impide darse a las personas.

Para empezar a disponerse hacia los otros con una actitud más dinámica necesita comenzar a salirse de esa zona de comodidad donde se siente tan a gusto y de donde no le gusta que lo muevan.

Si está con una persona al frente suyo, es el mejor en escuchar. El problema es que no es muy dado a sentarse cerca de las personas para oírlas mejor sino que prefiere estar un poco alejado y distante sin que nadie lo moleste.

Necesita entrar en la autodisciplina de buscar a las personas para que ellas puedan disfrutar la dicha de ser escuchadas por una persona centrada, discreta, pacífica y amable como él. Será como un privilegio.

CAPÍTULO 8

Cómo mejorar
la habilidad de escuchar

Para ser un mejor comunicador, con una escucha dinámica y empática, le presento tres claves prácticas y sencillas que funcionan muy bien en el momento de la comunicación interpersonal o grupal:

CLAVE 1: «AUDÍFONOS» IMAGINARIOS, DE ALTA FIDELIDAD

Así como para aprender a hablar en público y hacer presentaciones de alto impacto es necesario practicar en escenarios, y para llegar a ser un escritor hay que sentarse a leer y a escribir durante horas, también para aprender a escuchar es necesario sentarse a escuchar como ejercicio práctico, físico, emocional e intelectual.

Una de las claves más efectivas para escuchar a una persona es la de utilizar unos «audífonos» imaginarios gigantes.

Imagínese que usted se encuentra frente al televisor o al computador, muy interesado en lo que está viendo o escribiendo. De repente, entra su esposa o su hijo y comienza a hacerle preguntas acerca de algo muy importante para ella o él, pero que a usted le parece trivial, casi que ridículo. Su tendencia es a seguir en lo que está, sin prestar atención a lo que le dicen ellos. O presta atención, pero no lo suficiente. Por eso es muy útil esta clave de los «audífonos» imaginarios. Deberá ponérselos en el momento en que ellos comiencen a hablarle. Para hacerlo, deberá primero desconectarse de su televisor o su computador. Y realizar el ejercicio contra su voluntad de «conectarse» a lo que su esposa o su hijo le van a decir.

Dirija la mirada hacia él o ella, concentre toda su atención y luego imagínese que tiene puestos los «audífonos» que le permitirán no sólo escuchar lo que tengan que decirle sino que podrá atenderlos de manera exclusiva y con mucha fidelidad.

El ejercicio implica que usted deje de escuchar todo lo demás a su alrededor y sólo atienda a lo que ellos le dicen, como si fuera un sonido amplificado.

Por lo general, el problema consiste en que al escuchar a las personas, aún a las más cercanas a nosotros, las oímos como si estuvieran muy lejos, con los oídos un poco adormecidos y embotados, porque no queremos desarrollar el ejercicio fundamental de prestar toda la atención, sino continuar en lo que estamos. Para los hombres, este ejercicio es mucho más difícil porque sólo cuentan con la posibilidad de escuchar una cosa a la vez. En cambio las mujeres podemos atender varios asuntos al mismo tiempo. Por eso, los señores deberán conseguir unos «audífonos» imaginarios aún más potentes porque sólo de esa manera les será posible conseguir lo que para las esposas y los hijos y todas las personas en su oficina o en su negocio es lo más importante en esta vida: ser escuchados.

Para seguir con el ejemplo, si su hijo entra en este momento y comienza a pedirle ayuda para su tarea del colegio o de la universidad, no le diga: «Espérate un momento que estoy ocupado con este partido de golf». ¡No!

Recuerde los tres pasos de esta clave número uno de la escucha:

1. Desconéctese de todo a lo que esté conectado en ese momento aunque le cueste demasiado. Recuerde: este es un ejercicio y le va a doler. Por lo menos hasta que ejercite lo suficiente el músculo de la escucha.
2. Póngase los «audífonos» imaginarios para escuchar con alta fidelidad lo que le dice la persona que tiene al frente.
3. Comience a interesarse por lo que le dicen. Aunque al principio le parecerá difícil, continúe el ejercicio. Es cuestión de autodisciplina personal. Hasta que termine por volverse parte de su estilo de vida.

El resultado será impresionante. Cambio extremo a sus relaciones interpersonales y laborales.

Le regalo para la vida estos finos y costosos «audífonos» imaginarios de alta fidelidad. Llévelos a donde quiera que vaya y no olvide colocárselos para todas sus comunicaciones. Ya verá que al volverlos parte de su día a día será tan extraordinario el resultado que ya no querrá andar sin ellos porque se convertirán en su herramienta debida... ¡de vida!

CLAVE 2: APUNTE EN SU AGENDA, COMO PRIORIDAD, LA TAREA DE ESCUCHAR

Para que este ejercicio de aprender a escuchar sea real y práctico, otra clave que funciona de maravilla es comenzar a volverlo parte de su día a día. Y anotarlo en su agenda como una de las actividades a las que quiere darle la mayor prioridad.

Imagínese que en su agenda existiera cada día una tarea a una hora definida que dijera algo así como: 9:00 a.m.; escuchar a Fernando Suárez, mi asistente. Y que le dé a esa tarea por lo menos quince minutos, una vez a la semana. Le garantizo que su asistente comenzará a volverse mucho más eficiente, efectivo y eficaz, porque se sentirá escuchado. Luego, en la tarde: 7:00 p.m.; escuchar a mi hija Paola. Así, usted sabrá que —si de verdad es parte de sus metas del día— llegará a escuchar a su hija por encima de cualquier otra tarea o deleite que se le ocurra. Y para que sea de verdad una tarea cumplida, ni siquiera se siente a cenar, o a ver el noticiero, sin antes haber hablado con ella.

No se imagina lo que va a empezar a suceder en las relaciones inter-personales con su asistente, su hija, su jefe y todas las personas que le rodean, si logra convertir el ejercicio de escuchar en una obligación cotidiana, tan importante o mucho más que la de pagar los servicios del agua y el teléfono, o la de mandar a lavar el carro. Le aseguro que al volverlo parte de su agenda, usted se obligará a lograr que el escuchar se traduzca en tiempo cronograma. Sólo así lo podrá conseguir. Porque, por lo general, la excusa que todos tenemos para no escuchar es que no tenemos tiempo. Pero, la verdad es que sí tenemos tiempo para escuchar. Pero no lo hemos priorizado. Por eso necesitamos pri-mero concientizar la importancia de lograrlo y luego, convertirlo en el tiempo de prioridad de sus cosas importantes de cada día. Tiempo de agenda. Si usted está equipado con lo nuevo en comunicación, escrí-balo en su BlackBerry o en su iPad y deje que le suene la alarma para avisarle quince minutos antes en la mañana: «Escuchar a Fernando». Y, en la tarde: «Escuchar a Paola»

Como me gustaría estar allí, para celebrar con usted. Por favor escríbame y hábleme de los resultados: comunicacioninteligente@gmail.com. Le prometo que lo contaré como testimonio en mi próxi-mo libro o en mi blog.

Clave 3: Juegue a los «castigos y premios» por escuchar

Una forma de conseguir que las dos claves anteriores, la de los «audífonos» imaginarios de alta fidelidad y la agenda de escuchar sean reales y no fallen es la de aplicar la tercera clave: «castigos y premios» por escuchar.

Esta clave parece muy sencilla, pero al comienzo no será fácil. Por eso es necesario que se nos convierta en un juego divertido y en una dinámica lúdica, que nos permita disfrutarlo al máximo. Por ejemplo, si en el momento en que entra su esposa usted logra desconectarse de su partido de golf en la TV, se coloca los «audífonos» y comienza a escucharla con mucho interés y fidelidad, entonces debe darse un premio especial. Por ejemplo, ir a cenar al sitio que más le gusta.

Si en la clave de la agenda de escuchar usted cumplió con la cita de: «7:00: Escuchar a Paola» entonces podrá ver dos jornadas de golf en ESPN como premio. ¡Buenísimo!

Pero supongamos que en ambos casos, o en alguno de los dos, usted pierde, entonces se impondrá un castigo voluntario. Por ejemplo: no ver el partido de golf de mañana y dedicarle treinta minutos más a escuchar a su esposa. O no salir a cenar este fin de semana al sitio favorito, sino cocinar en la casa y lavar toda la loza de la cena.

Bueno, pues esos son sólo unos ejemplos. La verdad es que los premios y castigos se deben aplicar por usted mismo, de acuerdo con las actividades que más le gusten para los premios, y que más le disgusten para los castigos. Sólo usted sabe cuáles son las cosas que con honestidad y completa sinceridad le llevarán a automotivarse para lograr que el ejercicio de escuchar se convierta en un juego divertido.

Si le parece bien, involucre en el juego a las personas que le rodean. Cuénteles que está en esa dinámica y vuélvalos parte de ella. Pídales que ellos mismos le apliquen las penitencias cuando pierda. ¡Y claro! También los premios cuando gane. Por supuesto, usted será el héroe en el juego de escuchar.

Las tres claves le servirán no sólo para recordar y aplicar el ejercicio de escuchar sino para llegar a interiorizar a tal nivel la importancia y la necesidad de lograrlo, que se convertirá en una parte imprescindible de su vida. En un sentido que se desarrollará cada vez con más éxito. En una habilidad de su comunicación que nunca dejará de desarrollar. Escúcheme bien.

CAPÍTULO 9

Escucha activa
y dinámica

MÉTODOS EFECTIVOS PARA SABER ESCUCHAR

La escucha activa y dinámica se logra cuando las personas están menos tiempo pendientes de sus propias palabras y emisiones, para comenzar a concentrarse en las de los demás.

Existe una necesidad propia de comunicarse, pero si sólo se enfoca en su propia necesidad de comunicarse y se olvida de la necesidad de los otros, se perderá por completo la auténtica razón de la comunicación. Porque comunicación significa: «poner en común», «compartir».

La gente cree que sólo necesita oír el ruido de lo que le dicen y de manera automática podrá escuchar todo. En realidad, escuchar es mucho más que eso. Es el proceso de la comunicación que requiere un esfuerzo superior. Por eso es necesario concientizar la necesidad de cambiar la forma de comunicarse y entrar en un nuevo nivel a partir de una escucha activa y dinámica.

Los procesos de escucha activa implican entender la comunicación del que habla desde su propio punto de vista.

Sabemos desde la enseñanza básica que oír es percibir vibraciones de sonido. Pero nadie nos enseñó a escuchar como un proceso más profundo de entendimiento, comprensión y sentido de lo que oímos.

Por eso somos pasivos, distantes, egoístas al escuchar. Pero la verdadera escucha debe ser 100% activa y dinámica. La escucha activa implica poder interpretar no sólo las palabras que emite quien habla sino también sus sentimientos y pensamientos.

Es fácil oír, por eso todo el mundo lo hace. Bueno, la verdad, aquí entre nos, es que hay algunos que ni eso saben hacer. Para llegar a entender a alguien es necesario entrar en el nivel de la empatía, que permite ir más allá del simple proceso de oír, hacia la habilidad de ser empático y ponerse en el lugar de la otra persona para, además de entenderlo y comprenderlo, estemos o no de acuerdo.

Para conseguir la escucha activa y dinámica existen cinco requisitos fundamentales, sin los cuales será imposible comenzar una buena comunicación. Veamos algunos de ellos:

1. *Disponer el ánimo.* Mantener una actitud adecuada para entender al otro. Tener el ánimo dispuesto para reconocer sus necesidades.

2. *Ser receptivo.* Contar con la capacidad de identificar el mensaje que quiere transmitir el otro, más allá de sus palabras.

3. *Ser expresivo.* A partir de expresiones verbales como: «sí, claro, veo, ajá» y no verbales como gestos, mirada, postura, demostrar interés en lo que le dice el otro, que den fe de su ánimo y entusiasmo por lo que le está diciendo.

4. *Eliminar distracciones.* Antes de iniciar la comunicación con la otra persona, elimine todos los elementos que puedan convertirse en distracciones fatales tales como las llamadas telefónicas, las interrupciones de personas que entran a la oficina en forma constante, o el televisor.

5. *Mantener la atención.* La tendencia a distraerse de las personas es muy marcada. En especial en aquellos cuya atención es dispersa por lo que les cuesta trabajo concentrarse en una sola cosa.

La curva de la atención comienza en un punto alto del mensaje, luego disminuye en el medio y se eleva otra vez en el final. Por eso, es necesario desarrollar una mayor concentración en el medio del mensaje, para que el nivel de la escucha no se afecte sino que se mantenga atento y dispuesto de manera activa y dinámica todo el tiempo.

Niveles de escucha activa y dinámica

La escucha se considera activa cuando la persona que oye sabe demostrarle a su interlocutor que le atiende y le entiende.

El nivel de comunicación del oyente en este proceso es proporcional a su capacidad de asimilar y demostrar que es sensible a lo que escucha.

Recomiendo algunos métodos puntuales y efectivos que pueden servirle de ayuda en el momento de comenzar el ejercicio:

1. *Resumir.* Busque las palabras clave de lo que dice su interlocutor y elabore un resumen breve. De esa manera se animará a continuar con una conversación puntual y concreta. Diga frases como: «sí, te entendí bien, lo que usted quiere decir es...», «resumiendo, lo que me dices es...»

2. *Identificarse.* Es importante sentir que la persona que le atiende se identifica con su mensaje e incluso con sus sentimientos. Por eso, es importante decir algo así como: «me imagino» o «te entiendo».

3. *Confrontar.* También es necesario hacer saber a la persona que le importa lo que dice, aunque no esté completamente de acuerdo o no le parezca correcto lo que dice. Puede decir, con amabilidad y mucho tino para no ofender: «no me parece», «no estoy seguro», «creo que no en todos los casos», «no necesariamente», «tendríamos que revisarlo».

4. *Mostrar acuerdo.* Si lo que usted oye le parece bien, entonces también déjele saber a la persona que habla que usted está de acuerdo. Puede decir algo así como: «claro que sí», «por supuesto», «estamos de acuerdo», «así es».

5. *Concluir.* Para que el proceso de escucha cuente con un cierre aún más efectivo, usted puede concluir con opiniones que muestren su postura frente a lo que le dicen. Puede usar frases como: «a mí me parece...», «pienso que...», «la verdad es que creo que...»

El proceso de la escucha debe ser inteligente y no automatizado ni mediocre. Quien le habla se dará cuenta por su respuesta y postura cuál es su nivel de interés y su entendimiento del asunto. Por eso es importante contar con una escucha inteligente que pueda asimilar con rapidez el mensaje que le quieren transmitir para volverse una especie de «radar» que puede captar todas las señales a su alrededor.

Si no escucha de manera empática, como una persona que está presente, quienes le rodean pensarán que no son importantes para usted y preferirán no perder su tiempo ni energías tratando de ser escuchados por alguien que no emite ninguna señal de vida ante sus mensajes.

BLOQUEADORES DE LA ESCUCHA ACTIVA Y DINÁMICA

También se pueden utilizar métodos activos para saber qué cosas no deben hacerse en el momento de escuchar. Existen muchos bloqueadores de la escucha dinámica y activa. Mencionaremos aquí algunos de ellos:

1. Resistencia permanente a las expresiones, sentimientos y emociones que surgen de quien habla, como reacciones automáticas a ciertas circunstancias. Debe tener en cuenta que no todo está bajo su control y que los sentimientos no se pueden modificar a su antojo. Simplemente recíbalos como son, sin tratar de escucharlos como le gustaría que fueran.

2. Crítica y juicio constante y emisión de persistentes juicios negativos de todo lo que escucha cuando la otra persona habla, como si fuera su juez implacable.

3. Salvavidas que trata de solucionar todos los problemas de quien le habla como si fuera su tabla de salvación en medio del océano. Esa persona necesita sólo compartir algo, pero la responsabilidad de solucionarlo es de ella. Usted sólo debe estar dispuesto a escuchar.

4. Interrupción, porque la peor cosa que le puede pasar a alguien cuando quiere que le escuchen es que le interrumpan de manera reiterada y no le permitan hablar. Por eso, usted debe contar con el suficiente autocontrol para esperar a que la persona hable lo suficiente hasta que termine. Después sí, intervenga y emita frases breves de aprobación o desaprobación.

5. Afán de competir, porque otro de los errores más comunes al escuchar es el de siempre tratar de hablar de sí mismo y contar sus propias historias, casi que como

en competencia con el que habla. No pierda de vista que esa persona necesita ser escuchada, no oír de sus hazañas.

6. Aconsejar y asesorar es una tendencia muy común, en especial de las mujeres. El querer dar consejos, como madres que siempre buscan desempeñar el rol de educar a sus hijos. Pareciera como si siempre quisieran cargar el problema, aunque con buen ánimo de ayudar, pero pierden de vista el enfoque: escuchar y no asesorar ni enseñar nada.

7. Minimizar o maximizar, es otro error frecuente al escuchar. Tratar de minimizar al otro con frases que lo descalifican o lo hacen sentir inseguro. O, por el contrario, maximizar con tanta exageración la aprobación a sus palabras con el fin de animarlo que también lo puede intimidar y cortar su mensaje.

8. Señalar con el dedo amenazador a la persona con frases como: «tú siempre eres un desastre», «nunca eres atento», y la peor, «¡te lo dije!» Más bien dígale cosas como: «sería mucho mejor si...» o «a veces te pasa que...»

9. Aprovechar el espacio para tocar todos los asuntos a la vez. Como una catarata desbordada que en vez de escuchar deja explotar su afán de cubrir todos los temas de una sola vez. Evite discutirlos todos en una misma conversación. Aborde los aspectos uno por uno y en el momento adecuado. No intente «aprovechar» así el espacio porque lo que logrará será más bien desaprovecharlo por completo. Por querer abordarlos

todos, no escuchará nada de lo que le quieren decir y, lo peor, no abordará ninguno con asertividad.

10. Guardar emociones negativas que terminarán por acumularse y estallarán en algún momento. Después de escuchar con atención, trate de retroalimentar y decir lo que siente y piensa. De lo contrario, puede llegar a convertirse en una peligrosa olla a presión, sin válvula de escape, que en algún momento explotará y romperá todos los vidrios de la casa, con un enfrentamiento agresivo que se puede evitar si se vuelve un poco más asertivo para escuchar y retroalimentar en el momento adecuado. Esa es su válvula de escape que debe cuidar para que no se deteriore o se obstruya. Manténgala bien calibrada.

11. Escarbar y recordar los asuntos negativos del pasado, para traerlos como ejemplo en medio de la charla del otro. De manera recurrente y aburrida busca relacionar todo lo que le dicen en ese momento con sus eventos vividos en años pasados, lo cual se hace pesado y tedioso. Debe enfocarse en el presente y en el futuro para no perder tiempo y esfuerzo, y darle toda su energía a la persona que escucha.

12. Precisar con la capacidad de ser puntual y directo es una de las fortalezas de la comunicación de alto impacto que mencionamos en el Libro 1 sobre la habilidad de hablar. Ser específico trae claridad al mensaje. Por eso, cuando escuche no diga nada más de lo que debe decir, en forma precisa.

13. Evitar las generalizaciones, porque los términos «siempre» y «nunca» raras veces son ciertos y tienden a pegar etiquetas equivocadas en las personas. Es diferente decir: «Últimamente te veo algo ausente» que «siempre estás en las nubes». Para ser justos y honestos, para llegar a acuerdos, para producir cambios, resultan más efectivas expresiones del tipo: «la mayoría de veces», «en ocasiones», «algunas veces», «frecuentemente», que no generalizan y que permiten el beneficio de la mente abierta.

14. Ser breve, sin el afán muy generalizado de tratar de hablar mucho para ser entendido. Pero resulta que cuando se hace esto, el efecto que se consigue es contrario. Cuando usted habla mucho e interrumpe la conversación del otro con discursos y argumentos explicativos alargados, se pierde el sentido y propósito. Recuerde: lo bueno, si breve, dos veces bueno. Si va a insertar frases mientras escucha, sólo diga líneas muy breves, que generen valor. Y piense en esto: si lo que digo no agrega valor, es preferible callarme y limitarme a escuchar.

15. Examine su comunicación no verbal. Mientras escucha, usted transmite al otro un mensaje silencioso pero poderoso, a partir de sus actitudes, gestos, postura y ademanes. Por eso, como parte de la habilidad de escuchar, debe estar dispuesto a examinar siempre su comunicación no verbal y prestarle una atención especial a la forma en que le responde en silencio a la otra persona y

al público que le rodean a través de sus expresiones que, sin duda, hablan más que sus palabras.

Cómo lograr una CNV —Comunicación no verbal— adecuada

Para el desarrollo de una Comunicación no verbal adecuada, CNV, es necesario tener en cuenta algunos detalles puntuales:

- Las expresiones y gestos deben concordar con las palabras y frases. Podemos decirle a una persona que estamos de acuerdo con todo lo que dice, o que la apreciamos, pero nuestras expresiones pueden decir todo lo contrario con gestos de rechazo y oposición permanente.
- La conexión con la mirada es determinante. Porque aunque le digamos a la persona «te estoy escuchando», pero no lo miramos a los ojos sino que comenzamos a mirar el periódico o una revista mientras nos habla, la persona no obtendrá el punto de contacto suficiente para sentirse escuchada de verdad.

El tono de nuestra respuesta debe ser adecuado hacia la persona a la que escuchamos. El refrán dice que «el acento suena y el tono envenena» (¿o al revés?). Bueno, no lo sé, algunos lo dicen de una forma y otros de otra. Yo al final, nunca he sabido cómo es el asunto. Pero lo que sí quiero decirle con toda seguridad es que, aunque con los gestos y ademanes de la comunicación no verbal asintamos todo lo que el otro nos dice y le expresemos acuerdo con la cabeza, si luego utilizamos un tono áspero, cortante y tajante para decirle cosas como «apague el celular», «llámeme apenas pueda», el tono no será acorde con la intención de afecto y cariño que queremos manifestar.

Aún si le dice a la persona: «Te aprecio mucho» pero utiliza un tono severo, no le creerán; en cambio, si le dice: «No estoy de acuerdo» con un tono amigable, afectuoso y amable, sí le creerán. Lo que quiero asegurarle es que lo importante no es lo que se dice, sino «cómo» se dice.

He escuchado a personas decir cuando están disgustadas por la forma como alguien les habló algo así como: «Me lo dijo en un "tonito"» y de esa manera se refieren a la forma ofensiva, hiriente, dura, fuerte o poco amigable con que le dijeron algo. Por eso, si después de escuchar el mensaje usted va a responder, tenga muy en cuenta el «tonito» con que lo va a decir, porque la forma puede ser determinante sobre la armonía en que la comunicación se desenvuelva de ahí en adelante.

Es más, el «tonito» con que respondemos luego de escuchar a las personas se vuelve parte de nuestra personalidad, de la forma como las personas nos perciben. El «tonito» de nuestras respuestas habla de quiénes somos por dentro, en la esencia, como personas. Porque como dicen todos los proverbios bíblicos que mencioné en el segundo libro de esta serie, *Habilidades de comunicación hablada*: «De la abundancia del corazón, habla la boca» (Lucas 6.45) y «La blanda respuesta quita la ira: mas la palabra áspera hace subir el furor»

(Proverbios 15.1). Y muchos cientos de proverbios salomónicos más, que nos demuestran que el «tonito» de nuestras respuestas, determina quienes somos y, lo más importante, cómo nos relacionamos y nos comunicamos. Es el «tonito» de nuestras respuestas y de todo lo que decimos después de escuchar a alguien lo que nos hace poco o muy asertivos.

Con todo esto quiero decir que no basta con escuchar sino que es importante saber cómo respondemos, como parte de ese proceso de escucha. Sólo así, la escucha será dinámica, empática, asertiva y todo lo demás que debe ser. El proceso es: escuche, piense, y luego responda con asertividad, con el «tonito» adecuado.

¿Cómo es el tono asertivo? Como diría mi abuelita Maruja: «Ni muy muy, ni tan tan». Es decir, ni tan pasivo, ni tan agresivo. Nuestras respuestas a lo que escuchamos deben ser firmes pero amables. Concretas pero amigables. Directas pero tolerantes.

Claro, el tema aquí es de puro balance. Como en todos los procesos de la comunicación que hemos mencionado a lo largo de estos tres libros. Porque eso es justamente la asertividad: equilibrio entre agresividad y pasividad. El justo medio.

Porque tampoco sus respuestas a lo que escucha pueden ser en un tono tan débil que más bien parezca desanimado o con visible falta de interés por lo que la otra persona le dice. Las respuestas en tono muy bajo o muy débil producen bloqueo y un poco de algo que un amigo mío llama en broma el «quemimportismo»; es decir que ese tipo de respuesta a lo que escucha es un gesto de CNV que dice: «¿Qué me importa lo que me dice?»

También puede ser que sí le importe lo que le dicen, pero si sus frases de respuesta son de tono bajo y débil, parecerá que no le importa lo que escucha. Y esto puede ser fatal para el resultado de la comunicación.

La ubicación de espacio y tiempo también es determinante para la escucha, porque si todos los elementos anteriores se dan, pero se encuentra en el tiempo o lugar equivocado, de nada le servirán.

Es necesario que usted mismo abra los espacios y los escenarios adecuados que permitan una escucha dinámica y activa. A veces, aunque tenga las mejores intenciones y la más alta disposición, puede ser que en el lugar exista tanto ruido o distracción o un mal ambiente que sea imposible disponerse a escuchar. No quiere decir esto que para escuchar a alguien todo debe estar en absoluto silencio o que deba irse a un lugar apartado a puerta cerrada. Puede ser en un café, en el pasillo de la empresa o en la calle, pero encuentre siempre el mejor rincón para escuchar porque el entorno también define la calidad de la comunicación y de su nivel de escucha.

Claro que si se trata de una comunicación que requiere intimidad, pues entonces sí es recomendable buscar un espacio silencioso, tranquilo y a puerta cerrada, donde la persona se sienta a gusto. Tal vez con un bolero o un tema romántico como música de fondo. Nada más.

Cuando se trata de conversaciones donde habrá confrontación, regaños o donde se requiera escuchar algo potencialmente conflictivo es recomendable buscar espacios apartados donde de verdad estemos a solas y podamos discutir sin interrupciones y sin correr el riesgo de que todo el mundo se entere de una situación delicada. Es mejor escuchar y responder en un lugar apartado. Pero si se trata de una situación que usted quiere escuchar para aplaudir y elogiar a la persona que desarrolló bien una tarea o consiguió un logro importante en la empresa, le sugiero que busque el espacio más público y visible que se pueda. Recuerde que es de sabios regañar en privado, pero alabar en público. De esa manera lo amarán las personas en la entidad y en casa también. Esto funciona, se lo aseguro.

Cuando sienta que se encuentra en el lugar equivocado para escuchar y responder ante cualquier situación, mi recomendación es que, en la medida de lo posible, trate de posponer la charla. Incluso puede hacerle saber a la otra persona que usted sí la quiere escuchar pero que sería mejor en otro momento.

Es importante, por encima de todo, ser conscientes de que escuchar es un arte que requiere de técnicas especiales. No es una tarea fácil. Al fin y al cabo, escuchar es un asunto de sabios, y todos los que buscan la sabiduría como parte de su vida tratan de desarrollarla día tras día, hasta convertirla en hábito y estilo de vida.

En ese sentido, la escucha, como parte de la sabiduría, se cultiva, se riega y se poda. Comience desde ya y recogerá los frutos con alegría y abundancia. Y saque la mejor cosecha como resultado de su siembra de escucha.

CAPÍTULO 10

Escuchar los signos
y sus significados:
Semiótica y semiología

Desde que comencé la carrera de Comunicación Social en la Universidad Javeriana de Bogotá, Colombia, sentí una viva atracción por el fascinante mundo de la semiología y la semiótica; por escuchar los signos y sus significados.

Aunque al principio las clases me parecían aburridas, difíciles y tediosas, comencé a encontrarles sentido cuando entendí que todo el mundo se comunica a través de signos y símbolos. Y que saber entenderlos es, universalmente, el secreto de la comunicación.

Como el estudio de los signos, la semiología se dedica a analizar la relación entre el *significante* y el *significado*; es decir, entre un signo de la comunicación y lo que este signo en realidad significa.

La semiótica, por su parte, se aplica a todas las áreas del conocimiento y a las diferentes disciplinas profesionales. Por eso, el autor que más me gustaba es el inolvidable Ferdinand de Saussure, quien la define como «la ciencia que estudia la vida de los signos en el seno de la vida social».

La semiología, en realidad, se encarga de reunir todas las investigaciones y análisis acerca de los signos, incluso los del lenguaje o de semántica. Pero también los semióticos, que se enfocan en los signos propios del ser humano y de la naturaleza.

La semiótica entra en acción desde que comenzó el interés del hombre por estudiar los signos a su alrededor. Su asombro ante cada uno de los signos que día a día le comunican algo y le permiten escuchar los sonidos de la vida, es cada vez mayor.

El problema humano consiste justamente en su incapacidad de escuchar los signos que le anuncian las cosas próximas o lejanas por suceder, y las que de hecho suceden en su entorno inmediato.

La falta de escucha impide entender los signos que nos hablan por sí mismos. Se requiere una mayor sensibilidad para entender lo que nos quieren decir.

La historia y la filosofía muestran que los seres humanos siempre han tratado de definir los signos como parte de la comunicación y del lenguaje. Los grandes filósofos griegos como Platón se dejaron seducir por el estudio de los signos y la importancia de ellos para la vida humana. Sócrates, en su diálogo con Cratilo, analizaba a profundidad la extraordinaria relación entre las palabras y los objetos que nombran.

La medicina y todas las ciencias siempre han acudido a la semiología para el entendimiento de su propio lenguaje científico. La utilizan para nombrar las enfermedades y los síntomas que las acompañan.

Los términos semiología y semiótica provienen del griego *semeion* (signo) y *sema* (señal).

Es muy importante desarrollar el sentido de la escucha de los signos y símbolos como parte de la comunicación efectiva y asertiva. Saber qué cosa «nos quieren decir» las señales del tiempo, de la ecología, de los grupos adolescentes, de las tendencias políticas. Todo en el universo nos habla. Y debemos saber escucharlo.

No podemos dejar de escuchar, por ejemplo, lo que nos está diciendo la naturaleza con las inundaciones, terremotos, pestes, destrucciones, todo producto de la falta de responsabilidad social con el medio ambiente que ha mostrado el ser humano a lo largo de los siglos.

Hoy los noticieros del mundo entero cuentan las noticias de los desastres naturales y ecológicos. Y aunque los ambientalistas nos tratan de persuadir y los geólogos lanzan voces de alarma pareciera que ni así entendemos todo lo que las señales de la naturaleza nos quieren mostrar. No asumimos la responsabilidad, porque no sabemos leer y escuchar los símbolos y las señales que nos lanza a gritos una creación que gime por ser bien tratada. No descuidada. Amada. Escuchada.

Otro famoso autor, experto en el tema y también estudiado como un ícono en mi facultad de Comunicación es Umberto Eco. Para Eco, la tarea de «interpretar» los signos y símbolos es definitiva. Él dice que el intérprete —o sea, quien ve y escucha los signos— está obligado a desarrollar el ejercicio de reconstruir el símbolo o signo aún cuando no encuentre el mensaje original.

Quien recibe el mensaje y escucha el mensaje es un intérprete de sus símbolos, de su intencionalidad, y debe saber para qué sirven. Pensar que quien emite el mensaje originalmente trata de transmitirle algo; de esa manera, por medio de la escucha dinámica del receptor se consigue una relación especial entre el símbolo y quien lo recibe.

En la sociedad, los grupos y comunidades existen por medio de los procesos de escucha en la comunicación; por la transmisión de códigos, signos y mensajes que se intercambian entre las personas. Así ha sido desde que el hombre existe y será por siempre. Porque así lo diseñó Dios. Aun para la comunicación del hombre con él.

La Biblia habla, desde el Génesis hasta el Apocalipsis, de la necesidad de escuchar su voz para tomar sabias decisiones. De manera que la escucha termina por ser, además de una habilidad primordial para la comunicación humana, un sentido determinante para la comunicación divina con el Creador, lo que también es necesario desarrollar como seres creyentes.

Es el arte de prestarle atención a Dios, a los principios y valores expresados por su hijo Jesucristo y escuchados por generaciones, hasta hoy. Por creyentes e incrédulos. Aun los más ateos y anticristianos reconocen a Jesús como el profeta más escuchado de todos los tiempos.

Escuchar a Dios va más allá de escucharlo con los tímpanos y los oídos. Es escucharlo con el alma y el espíritu. Es la forma más profunda de la escucha. Esta es para el hombre la comunicación más importante de su existencia: la comunicación efectiva con Dios. De adentro hacia afuera. Escucha espiritual. Escucha divina. Es abrir los oídos ante el Creador y entender las señales que nos hace desde el cielo cada día.

Ruidos y redundancias que son fatales

Un ruido no es necesariamente un sonido estridente con volumen alto que choca a los oídos. En el proceso de la comunicación se denominan ruidos todas aquellas cosas, personas, elementos, circunstancias que perturban el proceso de escucha entre las personas.

Claro que son ruidos el sonido de la televisión o el teléfono. Pero también son ruidos los problemas de imagen o todas las distracciones que entorpecen la comunicación, como un florero gigante en la mitad de la mesa, que no me permite escuchar con facilidad la conversación.

También es un ruido la mesa de refrigerios en medio de la sala de conferencias que distrae a los asistentes porque se paran a tomar café cada cinco minutos. También la luz del video en la cara del conferencista, que lo ofusca a él y distrae a todo el auditorio. Y ni decir de un aire acondicionado muy frío, que mantiene a todos los asistentes disgustados y pendientes del frío que sienten, y que no los deja prestar atención.

Una mosca, un zancudo, una mancha en la pared, el escote o la pulsera ruidosa de la profesora, el clic ansioso del lapicero Mont Blanc del gerente, el fastidioso humo de los cigarrillos, la falta de luz en el salón, pasarse de tiempo y mantener a los asistentes con hambre a la hora del almuerzo, todos estos pueden ser también ruidos que entorpezcan la escucha y el proceso de la comunicación. A veces hasta el mismo silencio prolongado puede convertirse en un ruido que afecta la comunicación, como una pared que la bloquea.

Uno de los ruidos más comunes, pero que no se ha identificado como tal es el de las redundancias. Consiste en repetir de manera exagerada una parte del mensaje. Esa parte que si se eliminara, seguro que no se perdería nada del sentido de la información.

Quienes utilizan las redundancias lo hacen, generalmente, por el temor a no ser suficientemente claros o enfáticos. Por eso insisten y persisten y continúan con su insidiosa y aguda intensidad con el mismo tema, como si las personas que los escuchan fueran niños que no entienden y se les debe explicar la lección cinco, seis y más veces.

En ciertos casos es importante enfatizar alguna parte esencial del mensaje por lo que es recomendable la reiteración. Pero hay que tener cuidado porque la línea que separa el énfasis inteligente de la redundancia ruidosa es muy delgada.

Si se trata de comunicación oral, subir la voz demasiado para enfatizar alguna parte del mensaje puede ser un ruido innecesario.

A veces, el tono de voz más suave y apacible puede lograr mucho más resultados que el tono desmedido con volumen exagerado. Lo más seguro es que quien se confunda en esto termine perdiendo su tiempo y su esfuerzo. En tal caso, la redundancia será, además de un ruido, un desgaste innecesario.

Otra forma de ruido puede ser también el de las redundancias en voz baja. Es decir, insistir en una parte del mensaje, casi como si estuviera hablando en secreto, porque no quiere intimidar, agredir o faltar al respeto al interlocutor o al auditorio.

No hay peor mensaje que el del tono monótono y plano, en voz baja, que termina por convertirse en un ruido tedioso, aburrido y simplón. Esto lleva a quien escucha a distraerse y prestarle más atención a los mensajes en el BlackBerry o en el computador, porque el ruido provocado por el tono bajo y falto de motivación de quien habla no deja escuchar lo que dice.

En el caso de los medios de comunicación, los ruidos pueden ser, por ejemplo, el exceso de anuncios de publicidad, que impiden la secuencia y fluidez del programa por la interrupción larga y excesiva de la publicidad. Claro que hemos terminado por resignarnos a esa realidad, porque sin el ruido de los anuncios, no sería posible la transmisión, ni las películas, ni las noticias. Sin embargo, la verdad es que a veces se exceden y sobrecargan la capacidad de escucha del público.

Es, en definitiva, en medios como el cine y la televisión donde se puede medir con mayor certeza la efectividad de los procesos de escucha de las personas. Los analistas del *marketing* son expertos en estas mediciones, con *focus group* y muchas encuestas donde pueden determinar lo que la gente quiere o no quiere escuchar.

La mayoría de las encuestas sobre lo que las teleaudiencias quieren escuchar muestran que las personas se sienten sobresaturadas de ruidos y redundancias en la transmisión de los mensajes que escuchan y ven día a día en las pantallas, vallas publicitarias u ondas radiales.

Por eso, los expertos de la creatividad en publicidad han tenido que entrar en fuertes dimensiones de innovación para captar la atención de las personas. El análisis de la escucha en los medios de comunicación masivos es motivo de investigación aún por la psicología y el psicoanálisis porque la relación que el oyente tiene con el mensaje se relaciona con su forma de escuchar la información como receptor activo o pasivo.

Los resultados obtenidos por las investigaciones son herramientas de trabajo para los creativos quienes se basan en las respuestas de los encuestados para realizar campañas que se ajusten a sus necesidades, gustos, deseos y beneficios. De esa manera, cuando se concentra en lo que la gente quiere y desea escuchar, la comunicación se vuelve inteligente.

Y no sólo la publicidad, sino también las telenovelas, las series de humor, los noticieros, todos deben basar sus contenidos en los requerimientos de escucha de su público. De su capacidad de saber capitalizar esa información dependerán los *ratings* de la audiencia y, por consiguiente, los resultados y la rentabilidad del medio.

Otro aspecto determinante de la escucha en lo que se refiere a medios de comunicación es el de los avances de la tecnología. Porque en la medida que se desarrollan los canales informativos, los tipos de programas utilizados y los efectos de la digitalización, la capacidad de escuchar de los públicos es cada vez más retada hacia lo virtual.

La inteligencia que se desarrolla con el avance de la tecnología produce estrategias de comunicación a través de nuevos medios como el correo electrónico, los videos, las redes sociales como Twitter y Facebook, el teléfono celular, el BlackBerry, el iPad, las pantallas interactivas del computador, las imágenes en tercera dimensión en el cine que afectan los procesos culturales e influyen todos los campos de la actividad humana. Son posibilidades infinitas de avances cada vez más rápidos que desarrollan la capacidad de escucha dinámica y activa de los públicos.

Toda esa proyección de la necesidad de escuchar dentro de la comunicación lleva a una perspectiva de excelencia que les exige a las investigaciones sobre los códigos, signos, lenguajes y mensajes en general la capacidad de influir aún en los cambios políticos.

Escucha e interpretación

Dentro de los procesos de comunicación interpersonal o grupal, la capacidad de interpretación juega un papel importante, y esta incluye un componente definitivo de saber escuchar para poder interpretar bien.

El concepto de interpretación tiene varios significados. Básicamente consiste en explicar el sentido de algo, pero también se reconoce a los traductores de un idioma a otro como intérpretes. En otra acepción se trata de atribuirle una acción a un objetivo o causa.

Pero de todos los significados que se le dan al concepto y la acción de interpretar, el que estudiaremos aquí es el que tiene que ver con entender o asumir como buena o mala una acción o discurso que se escucha.

Porque es este último el concepto que se relaciona con el proceso de la comunicación que aquí nos interesa: el de entender y asumir. Esa es la cuestión en que nos enfocaremos acerca de la interpretación.

Valga la aclaración, porque este concepto de interpretación se puede usar hasta para la actuación en el teatro por parte de un actor que «representa» un papel o personaje. O para un músico que «interpreta» una pieza musical.

Los juristas «interpretan» la normatividad y las leyes del derecho. Y de algunas personas se dice que «interpretan» los sueños.

Lo que está claro es que para cualquiera de esas acciones es necesario desarrollar la habilidad de escuchar. Porque no se puede actuar, ni cantar o tocar un instrumento, ni revisar las leyes, ni discernir los sueños, sin antes haber escuchado lo que el libreto, las notas, las melodías, los códigos legales o los detalles del sueño nos dicen.

Interpretar es una acción que se da como resultado de la escucha dinámica y activa. Por lo tanto, quien no sabe escuchar no será capaz de interpretar y, por lo tanto, no podrá actuar, ni cantar, ni legislar ni descifrar el significado de los sueños de nadie.

La clave para una buena interpretación es, primero que todo, escuchar con atención para poder entender las señales alrededor del mensaje. Sólo entonces se podrá decir que se es un buen intérprete de la comunicación que se escucha.

Según los más ortodoxos dedicados a estudiar las técnicas para la correcta interpretación, esta consiste en «darle un significado a la información recibida». Pero están también los que consideran que interpretar define acciones de la comunicación y la inteligencia como razonar, argumentar, deducir, explicar o anticipar.

Según los objetivos, podemos encontrar diferentes clases de interpretación. Como la de justificar que implica un parafraseo, transposición o argumentación. O la de inferir que supone analogías, inducción o deducción. También está la interpretación que nos lleva a transferir con acciones más complejas como las extrapolaciones o las generalizaciones.

Es necesario cambiar el paradigma. Como en el caso de las famosas figuras en los test de psicología, donde a uno le preguntan «qué ve» y uno dice: «una copa» o «una mujer», pero le resulta imposible ver la imagen detrás de la imagen obvia. No ve los dos rostros frente a frente, o a un saxofonista. Sólo cuando le dicen que allí estaban, uno se pregunta cómo no las vio antes, si eran tan evidentes. Eso quiere decir que la realidad depende de cómo la interpretemos; de cómo la escuchamos.

Antes de Copérnico toda la humanidad estaba convencida de que el sol daba vueltas alrededor de la tierra. Fue muy difícil cambiar el paradigma. Hasta que escucharon e interpretaron la realidad de otra manera.

Es muy difícil, por ejemplo, para una persona que no quiere creer en Dios, vencer el paradigma dictado por Carlos Darwin, de que el hombre desciende del mono. Sólo cuando se permite escuchar la posibilidad de que fue Dios el Creador original del universo y del hombre, puede creer en el origen del hombre a través de la creación y sentirlo como una realidad, que le parecerá más sencilla y bella que la de creer en la complicada argumentación del evolucionismo. En este caso, es necesario romper el paradigma de la incredulidad para entender la realidad desde un lado más alto. Es el lado desde donde sólo se puede escuchar con el altoparlante de la fe. Por algo dice la Biblia que «la fe viene por el oír la Palabra de Dios». Esto quiere decir que la fe viene por desarrollar la habilidad de escuchar.

ESCUCHA Y ENTENDIMIENTO

Además de interpretar, otro proceso clave y definitivo para la comunicación que surge como resultado de la escucha dinámica y activa, es el de entender.

El concepto de entendimiento se define como «tener una idea clara del sentido de las cosas», como entender una lección leída o un discurso hablado.

Pero también consiste en conocer el sentido de las actitudes, reacciones y emociones de la otra persona y formarse una idea por medio de las señales que estas nos dan. Cuando alguien sabe o cuenta con conocimiento sobre una especialidad determinada, se dice que entiende mucho sobre el tema.

En las relaciones humanas, se utiliza para mostrar que dos personas pueden comprenderse o entenderse. Se dice que se llevan bien porque se conocen en su forma de ser.

Por eso, en el idioma español entenderse es «llegar a un acuerdo» con la otra persona. Para conceptos tan clave como entenderse a fin de lograr trabajar en equipo se utiliza también en términos de liderazgo asertivo.

En sentido figurado, también se utiliza el término «entenderse» para hablar de las parejas que logran conocerse e iniciar una relación sentimental armoniosa.

Para cualquiera de los casos en que se utilice el término entender, entendimiento o «entenderse», es necesario que siempre vaya acompañado de una alta dosis de escucha dinámica y activa. De lo contrario, los procesos de la comunicación se verán truncados o bloqueados.

Si no hay escucha, no hay entendimiento. Y para lograr entender, es necesario escuchar con detenimiento y atención suficientes.

Cuando quiero entender lo que quiere decir una teoría o cómo se lleva a cabo una metodología, me siento a escuchar a los que entienden del tema, hasta agotar toda la información sobre el asunto. Sólo si logro interpretar lo que ellos dicen podré entender de verdad en qué consiste lo que tratan de decir.

¿Me hago entender? Espero que sí. Pero por si acaso, lo resumo en una sencilla sentencia a la que llamaré la fórmula E = E:

$$Escuchar = Entender$$

Entender es una habilidad clave para desarrollar una comunicación asertiva. No se puede decir que alguien escucha bien, si antes no ha demostrado que se interesa por entender lo que oye, más allá del ruido que puede atentar contra los procesos de la comunicación.

Otros conceptos alineados al de entender son los de asimilar y comprender. Son muy semejantes, pero no iguales. Lo que sí es idéntico es la capacidad de escuchar con que deben contar todas estas definiciones y sinónimos de la palabra comprensión.

En cuanto a la comunicación entre personas y parejas, después de escuchar —el tiempo que sea necesario— sin duda la comprensión debe ser parte vital de la relación. De lo contrario, no habrá comunicación.

PRINCIPIOS Y VALORES DE LA ESCUCHA

Como todas las habilidades de la comunicación, la de la escucha debe desarrollarse a través de principios y valores fundamentales claros, que permitan procesos éticos basados en integridad, transparencia, respeto, empatía, paciencia, tolerancia, unidad, armonía, amabilidad, bondad, fidelidad, paz, amor.

Sin estos valores como fundamento, la escucha sería tan sólo una cuestión técnica. Pero cuando alineamos el valor de escuchar con los valores humanos fundamentales, podemos hablar de una auténtica comunicación.

El valor histórico
y actual de guardar silencio

Desde niños escuchábamos a los profesores en la escuela decirnos: «¡Silencio!» Lo mismo sucedía en la casa. Nuestros padres y otros adultos siempre relacionaron el juicio con la tarea obediente de «guardar silencio».

La verdad es que no comprendíamos muy bien cómo era eso de «guardar silencio» porque nadie guarda algo que no es tangible ni medible y el silencio es tan intangible e inexplicable como el amor o el viento.

Bueno, debo aclarar que, para un ingeniero de sonido, un productor, o un compositor musical como mi hijo Daniel Vengoechea, este asunto de los silencios y compases es una tarea fácil, o por lo menos medible y tangible. Pero para los que no conocemos la métrica de los silencios dentro de la sofisticada teoría y práctica musical, la idea de «guardar silencio» es algo bien complejo.

La investigación y el estudio permanente de la comunicación me han llevado a entender el valor de «guardar silencio», como un factor clave para poder conseguir un mayor nivel de escucha.

El silencio contiene en sí mismo un poder tan grande como el de la palabra. Por eso es un arte, una disciplina del ser, que valoran al máximo los «gurús» de muchas culturas orientales, enfocadas casi como asunto sagrado en la concentración y relajación como parte del crecimiento personal. Ellos son conscientes de esta verdad: para crecer, es necesario «guardar» silencio. Sólo de esa manera es posible meditar, reflexionar y pensar con serenidad. Sin embargo, nos hemos dedicado tanto a hacer ruido con las palabras, con los pensamientos y con todos los elementos externos de la comunicación (la televisión, el equipo de sonido, la telefonía celular) que nos olvidamos de crecer en uno de los asuntos más importantes y complejos de la comunicación: el silencio, para poder escuchar.

Guardar silencio, es como guardar un tesoro. Porque entre más silencio guardemos, más capacidad obtendremos de enriquecer las relaciones y la vida. Si logramos concientizar la necesidad de guardarlo y luego ejercitarlo como si fuera una disciplina de vida, llegaremos al nivel de comenzar a disfrutarlo.

El valor del silencio se nos puede llegar a convertir en un aliado incomparable, para ser cada vez más sabios. También más tranquilos, apacibles y mesurados, para enfrentar el día a día con madurez y coraje.

Para saber escuchar, primero debemos aprender a guardar silencio. Esto implica una quietud interior que permita callar todos los impulsos de los pensamientos.

El silencio no sólo se guarda para escuchar a alguien que quiere hablarnos. Si bien ese es un paso determinante, también es necesario entender que el silencio es parte de nuestra inteligencia emocional. Como autorregulación y autodisciplina de los impulsos que nos llevan a desgastarnos en hablar o incluir ruidos externos a cada paso de la conversación del otro.

Mucho más allá de quedarse callado, el guardar silencio puede llegar a ser la llave para encontrar soluciones contundentes en momentos en que ninguna palabra, concepto o razón funcionan.

Guardar silencio, sin embargo, no nos resulta una tarea tan fácil. Es uno de los ejercicios más complejos de la comunicación humana. Tanto, que hasta le tenemos miedo, porque pensamos que si dejamos espacios libres en la vida, pausas sin ninguna clase de ruido o sonido que interrumpa el silencio, tendremos que enfrentarnos al poder del silencio. Y eso nos asusta.

En medio del silencio se revela la realidad, porque al quitarse los ruidos del escapismo bullicioso nos queda el encuentro con el silencio, que nos confronta y nos lleva a vernos un poco más vulnerables ante situaciones que nos hablan duro por sí mismas, como la soledad, el cansancio, los temores, la ira, las tristezas, la depresión.

Sólo cuando comenzamos a comprender que guardar silencio es como acumular tesoros en el cielo, donde nadie puede robárselos, entendemos que el silencio nos hace grandes, fuertes y poco vulnerables.

Aunque la mayoría de la gente considere que usted se ha vuelto «un poco raro» con eso de querer estar en silencio, continúe adelante con el ejercicio. Recuerde que «uno es dueño de su silencio y esclavo de sus palabras» y que uno de los mejores tesoros de los que usted puede adueñarse es el silencio. ¡Empiece a disfrutarlo ya mismo!

A lo largo de la historia ha habido quienes han sacrificado la vida por guardar silencio. Otras la han perdido por no guardarlo.

Piense en cualquier hombre o mujer que haya trascendido en la historia, y se dará cuenta que, en la mayoría de los casos, ellos supieron guardar silencio, como parte de su victoria ante el mundo.

Jesús es el modelo más alto en el ejercicio de guardar silencio. Cuando lo iban a crucificar, «enmudeció, y no abrió su boca» (Isaías 53.7). Y cuando le preguntaban acerca de sus enseñanzas sobre el amor o la paz que sacudían a los religiosos y políticos de la época, «¿eres tú... el Hijo de Dios?», él sólo contestaba: «Tú lo has dicho», y volvía al silencio (Mateo 26.63-64). En medio de los latigazos, la corona de espinas, los escupitajos, las burlas y los golpes lo único que hizo fue «guardar silencio». Esa fue su mejor clave de comunicación. Es ese silencio, el que más ha hablado de él, por los siglos.

Guardar silencio termina por volverse una valiosa fortaleza para proteger la vida; un escudo eficaz para resguardarse de la injusticia, los chismes, los conflictos, los problemas, las calumnias o las malas lenguas.

Piense en los grandes de la historia y verá que todos supieron guardar silencio. Entendieron la responsabilidad de atesorarlo. Por algo el refrán dice que «la palabra es plata, pero el silencio es oro».

Claro, vale aclarar que uno no se puede aprovechar del silencio para manipular o intimidar con agresividad pasiva a las personas. O para encubrir la verdad por omisión.

Entre más ejercitemos esta habilidad de la comunicación, mejor entenderemos que hay tiempo de guardar silencio y hay tiempo de no guardarlo. La clave está en saber cuál es el tiempo correcto para cada cosa.

Es tan importante guardar silencio que hasta se utiliza como una figura jurídica, por ser un derecho fundamental. En el sistema penal de países como Colombia existe el «derecho a guardar silencio», así como en la normatividad internacional. Se utiliza tanto en derecho fundamental, como en derecho penal internacional.

Se debe guardar silencio como señal de educación o código de etiqueta y protocolo cultural en muchos espacios y escenarios. También existe el silencio técnico, como el de los partidos de tenis o de ajedrez. Sin duda, en el partido de la vida, también es el mejor protocolo. Usted podrá ganarlo o perderlo si aprende a «guardar silencio». Porque así entenderá lo que sólo en medio del silencio podrá escuchar.

Cuando una persona muere, el mayor homenaje que se le puede brindar es «guardar un minuto de silencio» en su memoria. Un minuto de silencio puede ser tan valioso como toda una vida.

EL VALOR DE PRONUNCIARSE A TIEMPO

Pero así como es tan valioso guardar silencio, lo es el saber pronunciarse a tiempo. La habilidad de la comunicación consiste entonces en saber identificar el momento justo en que se debe dejar de guardar silencio y escuchar, para comenzar a hablar.

Para mí, ese es el punto máximo de equilibrio de la asertividad. Es una virtud saber escuchar, pero lo es también saber cuándo se debe romper el silencio.

La persona hábil en la comunicación interpersonal, maneja con destreza los tiempos exactos para dejar hablar a alguien y encontrar la pausa perfecta en donde introducir sus frases. Sabe, además, cuánto tiempo debe hablar, sin prolongarse mucho, para volver a guardar el silencio.

Como un hábil jugador de béisbol, que sabe cuándo batear la pelota con las bases llenas, el comunicador habilidoso guarda silencio con sigilo y prudencia para incluir sus palabras en el momento justo en que son importantes. No interrumpe para imponerse, ni exige que le den la palabra, ni se ofusca porque no lo dejan hablar. Espera, con inteligencia, guarda silencio, y encuentra el momento más oportuno y adecuado para decir una frase contundente, que llene la escena. En este punto, lo más importante es el manejo de los instantes en que involucra su mensaje y comienza a hablar. El valor de saber pronunciarse es muy apreciado por la gente considerada importante, de peso, honorable, discreta, sabia y prudente.

En conclusión, saber guardar silencio es, sin lugar a dudas, una clave determinante del éxito de la comunicación asertiva, que debe ir acompañada y acompasada por la segunda clave para conseguir la verdadera asertividad: saber en qué justo momento debe pronunciarse.

SIETE CLAVES PARA SABER CUÁNDO GUARDAR SILENCIO Y CUÁNDO PRONUNCIARSE:

1. Controle sus impulsos

Es evidente que las personas con temperamento efusivo y sanguíneo son las que se enfrentan día a día a la debilidad de hablar demasiado, por ser demasiado extrovertidos.

Guardar silencio no es uno de sus particulares encantos. Aunque sí tienen muchos su «talón de Aquiles» es no saber escuchar. Eso los vuelve intensos, exasperantes y predecibles. La razón de ello es que no saben controlar sus impulsos porque los gobiernan sus emociones.

A los otros tres temperamentos: colérico, melancólico y flemático, les pasa lo mismo pero no con la misma intensidad. Sobre todo al colérico. Aunque por lo general lo que le sucede a este perfil tajante, práctico, objetivo, determinado y obstinado no es que interrumpa, sino que no deja hablar porque gobierna todo y no le parece importante lo que los otros digan. Por eso no los deja casi que ni respirar. Y cuando van a hablar no los escucha porque sólo le interesa el resultado.

Insisto en este tema de los perfiles y temperamentos porque es en ese contexto en el que se mueve la inteligencia emocional. Es aprender a controlar los impulsos y debilidades lo que nos permite manejar con habilidad los espacios para saber cuándo guardar silencio y cuándo encontrar el momento justo y adecuado para hablar. Si en el caso de los superextrovertidos sanguíneos y coléricos el problema es la interrupción, en los introvertidos flemáticos y melancólicos el problema es lo opuesto: dejan pasar el momento para pronunciarse y terminan no haciéndolo ante el temor de enfrentarse al pánico escénico que les provoca el hablar.

A veces, demasiada prudencia y calma también puede ser una debilidad, otro «talón de Aquiles», pero en sentido contrario. Estos perfiles pasivos deben controlar el impulso interior del temor que no los deja hablar por lo que mantienen un silencio tan prolongado, que también afecta la comunicación de igual o peor forma. Para ellos, el ejercicio consistirá entonces en obligarse a intervenir en el momento propicio con frases amables y sencillas para hacerse sentir y que su comunicación sea asertiva, como gente de potencial que está presente en la conversación.

Controlar los impulsos es entonces una habilidad emocional, física y hasta espiritual, que le dará el impulso perfecto a su comunicación.

Un consejo: no importa que muchas veces pierda en el intento de encontrar el momento justo para dejar de guardar silencio e intervenir. No se angustie. No se vaya a bloquear. Recuerde que este es un ejercicio para toda la vida. En la medida que lo ejercite más y más, se le convertirá en estilo y sello muy personal.

2. Busque el momento adecuado

Luego de aprender a controlar los impulsos para dejar de interrumpir o comenzar a hacerlo, según sea el perfil, el siguiente paso será encontrar el momento adecuado para pronunciarse.

¡Esto sí que es todo un arte! Porque, ¿quién puede decir cuál es el momento justo? ¿Dónde está escrito? ¿Quién tiene la medida? Es muy difícil. Sí lo es. Pero de eso se trata. De derribar a ese gigante que nos bloquea y no nos deja comunicarnos en forma asertiva, porque siempre nos lleva un paso adelante o atrás en la comunicación. Y nos hace ir fuera de compás.

Creo que el momento adecuado se encuentra tras el esfuerzo de desarrollar la sensibilidad para encontrarlo. Es como en la música: el oído le dice cuándo debe cambiar la postura en la guitarra o cómo llevar el paso con su pareja cuando bailan el bolero «Bésame mucho» de Consuelo Velázquez, o la «Bachata en Fukuoka» de Juan Luis Guerra. Es cuestión de saber «llevar el ritmo».

Así es también en la comunicación. La música de las frases le dirá por sí misma en qué momento guardar silencio y en qué momento le toca a usted ingresar con su «nota». Lo que usted debe desarrollar es la capacidad de atención para que no se «desafine» o se «destemple» en sus intervenciones.

Si sigue este «paso», la comunicación se le volverá una grata melodía. O un delicioso son con «tumbao» que comenzará a disfrutar con un «paso» bien llevado.

Es el 1, 2, 3 de la escucha: 1, 2, 3... y ¡entre! No se pierda la delicia de «bailar» esta «danza» entre el silencio y la determinación de hablar. Recuerde, este es el paso: 1, 2, 3... y ¡entre!

Así como para aprender a bailar bachata, merengue o vallenato al principio los movimientos son torpes y mecánicos, 1, 2, 3... también en el ejercicio de aprender la danza de la escucha y la intervención, al comienzo se sentirá un poco lento, torpe y hasta extraño. Pero relájese y disfrútelo. Le prometo que llegará el momento en que «bailará» con tanto ritmo este «son», que ni usted mismo lo va a poder creer, y lo va a querer practicar miles de veces, porque se le convertirá en un deleite.

Espero que cuando esté en el ejercicio de guardar silencio e intervenir a tiempo, 1, 2, 3..., no se comience a reír solo si en ese momento se acuerda de mí. Y si le funciona, no me olvide, escríbame a comunicacioninteligente@gmail.com y celebraremos juntos su testimonio de éxito, que publicaré feliz en mi próximo libro. O en mi sitio Web. Se lo prometo.

3. Escuche hasta que la otra persona se sienta feliz de ser escuchada, y luego intervenga

Tampoco existe una medida exacta para saber hasta cuándo debo escuchar en silencio, y luego, cuál es el momento exacto para interrumpir a alguien cuando habla. Pero le diré la clave más efectiva: escúchelo(a) hasta que se sienta feliz por haber sido escuchado. ¡Ese es el momento adecuado para entrar con su intervención!

Esto no es igual en todas las personas. Algunas se sienten felices con ser escuchadas cinco minutos. Pero otras necesitan diez. Y algunas prefieren que, por lo menos, sea una hora.

Pues bueno, su capacidad de comunicación empática (saber ponerse en los zapatos del otro) será la que le señale el momento en que la persona se siente realmente escuchada. Es en ese momento cuando usted deberá entrar en el «baile». Para lograrlo, es necesario que entienda algo primero: lo más importante no es que lo escuchen a usted, sino que usted escuche al otro. Cuando su mensaje pase a un segundo plano para darle paso al del otro como prioridad, es allí y sólo allí donde podrá asumir su papel en el «baile». Es la diferencia entre bailar solo, con el paso que a usted le dé la gana y bailar en pareja. Para esto último se necesita un ritmo fluido entre los dos, en el que ambos se sujeten al ritmo del otro, y lleven el paso entre los dos.

4. Sólo cuando esté seguro de que el otro dijo todo lo que necesitaba decir, entonces hable

Una clave de oro para saber hasta cuándo debe escuchar al otro es la de asegurarse de que él, o ella, ya dijeron todo lo que tenían que decir. Sólo cuando desarrollemos esa sensibilidad empática de enfocarnos en el otro, dejaremos de interrumpir cuando la gente nos habla para imponer lo que nosotros queremos decir. Creo que este es, sin duda, uno de los ejercicios más bellos de la comunicación, porque implica negarse a uno mismo para que el próximo —prójimo— sea valorado.

Más allá de la técnica, implica un ejercicio de valoración de los demás y de uno mismo, sin desmedirse.

En este punto es muy importante saber guardar el equilibrio. Porque tampoco se trata de que usted se calle para que los otros hablen y no sepa cuándo entrar en la conversación para exponer sus razones, argumentos o puntos de vista. Justamente, se trata de encontrar el punto exacto en el que ya el otro dijo todo lo que necesitaba decir y usted dice aquello que es relevante y le aporta valor a sus palabras.

Si su motivación al involucrar sus palabras es la de agregarle valor a lo que el otro dice en medio de una amable y amena conversación, entonces nunca tratará de imponer sus argumentos para vencer al otro en el cuadrilátero, como si se tratara de una ronda más en una pelea de boxeo, donde cada uno se encuentra en una esquina, para tratar de acabar al otro en el próximo asalto. ¡No! Para que el ejercicio de la escucha funcione de verdad, debe incluir principios y valores fundamentales como la armonía, la amabilidad, la empatía, la valoración de las personas, el respeto, el trabajo en equipo y miles de valores más, que si no se aplican, no podrá ser posible el ejercicio genuino y voluntario de escuchar al otro.

Si sólo se queda callado mientras escucha, pero por dentro está pensando cómo hacer para callarlo, interrumpirlo, acabarlo y ganarle la batalla con nuevos argumentos impuestos e implacables, entonces la escucha no pasará de ser un ejercicio mentiroso, sin valor, en el que usted está en silencio pero sólo para continuar con la posición egocéntrica, terca, obstinada y hostil de imponer sus ideas y anular a todos los demás, para ser escuchado.

5. Cuando hable, no diga cualquier cosa, utilice frases contundentes

En el proceso de aprender a escuchar, no basta con quedarse callado y permitir al otro hablar. Tampoco es suficiente saber cuándo interrumpir. Existe otro elemento que forma parte de la inteligencia de la escucha y es el de aprovechar bien el instante en que realiza su intervención para decir frases breves, concretas y sencillas pero contundentes.

Si va a interrumpir a quien le habla, sólo para decir asuntos que no tienen nada que ver con la conversación, o que sólo se relacionan con usted mismo y sus hazañas, es mejor que no intervenga. La tendencia de muchos al intervenir en medio de la conversación del otro, es decir cosas como «yo también» y luego cuentan todo su caso, mientras la persona que necesita ser escuchada se queda sin poder terminar de decir lo que quería comunicar.

Cuando alguien quiere ser el centro de atención, no puede escuchar porque siempre busca relacionar todas las conversaciones con aquellas cosas con las que quiere convertirse en el héroe de todas las charlas.

Tampoco puede escuchar una persona demasiado competitiva que siempre quiere rivalizar. Porque cada vez que la persona trate de contarle una de sus proezas exitosas, él tratará de minimizarla y comenzará a contar las suyas, para maximizar sus capacidades y no dejarse «echar tierra encima».

Por lo general, estas personas competitivas en exceso no escuchan a nadie, porque están muy ocupadas en que los escuchen sólo a ellos, pues tienen una gran necesidad de ser afirmados y aceptados. Su adicción a la aprobación los vuelve compulsivos y ansiosos en el momento de tratar de escuchar a alguien, y por ello le interrumpen cada rato, de manera persistente, y a veces hasta con la respiración entrecortada, temblorosa y agitada. Estas personas deben desarrollar el ejercicio de la escucha con mayor intensidad que las demás, porque les costará el doble de trabajo. Pero la buena noticia es que, cuando lo logran, son realmente los mejores en escuchar. Si logran entender que su mejor forma de competir es guardando silencio y valorar al otro, pueden alcanzar niveles de escucha de verdad sorprendentes.

Pero entonces, ¿qué es lo que se debe decir en el momento de intervenir para que las palabras sean contundentes? La clave para saberlo es preguntarse siempre: ¿cómo puedo agregar valor a lo que esta persona me ha dicho?

Sin interrumpir de manera brusca ni abrupta y aunque nadie se entere de sus propias hazañas, busque el espacio ideal para hacer comentarios que enriquezcan la conversación. Haga de la escucha su hazaña más grande y alcanzará los resultados esperados.

Al intervenir, puede hacer preguntas tales como: «¿Y cómo te sentiste?» De esta manera, la persona se sentirá de verdad valorada y la conversación podrá llegar a niveles insospechados de asertividad.

Conviértase en el mejor escucha. Sólo con preguntas breves pero inteligentes y poderosas, usted podrá ser el mejor mentor, al que las personas de verdad aprecien y agradezcan precisamente porque las escucha. ¡No podrá imaginarse el efecto que alcanzará!

Recuerde que no se trata de una escucha pasiva sino activa. Que usted sí debe intervenir pero sin dañar o cortar el proceso de comunicación fluida. Sin molestar al otro, sino que, por el contrario, se ocupe de hacerlo sentir importante todo el tiempo mientras le presta total atención a lo que le dice.

Otra de las formas eficaces de intervenir en una conversación es con frases de gratitud o aprobación a lo que le dice el otro. Usted podrá incluir frases cortas pero poderosas, como: «¡Qué bien que lo hiciste!» Su interlocutor no sólo podrá fluir mucho más, sino que de verdad se sentirá escuchado. Claro, no debe excederse en los halagos, ni decirlos sólo por decirlos, para ganarse sus afectos. Porque se le notará y lucirá como un egocéntrico arrogante.

Las frases de aprobación y de admiración deben sonar reales y no fingidas. De lo contrario, será mejor guardar silencio. No suelte una seguidilla de frases de admiración sólo para rellenar los espacios con cosas tales como: «Me encanta tu casa, está preciosa, así quiero hacer la mía» o, «Se parece a la de mis papás» o, «Este es el diseño que a mí me gusta» porque dejará en el ambiente una sensación de hastío y empalago muy aburridora. Además, no mostrará seriedad ni confiabilidad. Se le notará que trata de manipular con lisonjas, cumplidos y piropos. Y de esa manera, muy pocas personas querrán que usted sea ese mentor que han buscado para ser escuchados.

Si va a escuchar, no diga nada. Y cuando intervenga, sólo diga frases valiosas. El resto del tiempo, sea dueño de sus silencios. No se vuelva esclavo de sus palabras. Sea sólo un buen servidor y facilitador de quienes le piden a gritos ser escuchados. Esto lo volverá un ser agradable y valioso para las personas de su área de influencia.

Espero que me escuche porque para llegar a decirle todo esto, he tenido que pasar por todos los procesos de falta de escucha y anhelar de verdad ser una persona que quiere escuchar a otros.

Muchas veces fracaso en el intento. Todavía me falta mucho para alcanzar la meta y lo que hago no ha llegado aún al grado de perfección que quisiera alcanzar. Pero vuelvo a retomar mi decisión de escuchar a otros como parte fundamental de mi crecimiento personal.

Me siento feliz cuando lo logro. Pero muy triste cuando pierdo el norte de la escucha y comienzo a hablar sólo de lo que a mí me interesa, como tratando de imponer mis criterios y opiniones. ¡Qué absurdo! ¡Qué vergüenza! Esta es una debilidad de la cual me arrepiento cada día. Y he visto el fruto de mi sincero ejercicio de cambio. He aprendido que la escucha es como un proceso de maduración personal que se relaciona con mi inteligencia emocional.

Recompensas por escuchar

Tal vez pueda servir de algo darse recompensas a sí mismo cada vez que logre espacios de escucha para su pareja, sus amigos, sus subalternos y familiares. Pero también aplicarse sanciones cada vez que vuelva a dejar de escuchar. De esa manera, podrá concientizar cada vez más la escucha, como una necesidad en su vida. Porque la asociará con un premio y casi que la exhibirá como un galardón o una copa de campeón en la mejor vitrina de su casa.

Si escuchar es un premio, y no un castigo, usted querrá comenzar a desarrollar esta habilidad como una de las más preciadas en su vida. Por favor escuche y recuerde mi voz que le dice: ¡Ánimo, usted puede escuchar!

6. No interrumpa para decir lo mismo varias veces

Una de las formas más comunes de interrumpir es la de repetir con insistencia la misma cosa a una persona mientras habla.

Es impresionante ver cómo los padres, en vez de escuchar a sus hijos cuando nos cuentan algún error fatal que cometieron en la escuela o con los amigos, en vez de decirles una frase de ánimo que les genere valor y alguna enseñanza, sólo les respondemos con tono ofensivo y casi sarcástico y burlón: «¡Te lo dije!»

Esto demuestra que sólo nos importa exhibir nuestra razón y la torpeza de ellos para entender algo en la vida.

Otra de las interrupciones comunes de repetición es: «Es que tú siempre...» o «Es que tú nunca...» con calificaciones intermedias en la conversación que tienden a entorpecer y a bloquear a quien trata de ser escuchado mientras nos cuenta sus sentimientos.

Tratar de calificar a las personas mientras hablan o darles lecciones del ABC y hasta la Z de lo que debe o no debe hacerse en esos casos. O la vieja escuela de los mayores de contar «Cuando yo era joven....» para interrumpir por completo a la persona y no volverle a dar la oportunidad de hablar y mucho menos de ser escuchada.

También son comunes las interrupciones con exclamaciones exageradas como: ¡Ay, no puede ser! ¡Increíble! ¡No lo puedo creer! ¡Guao! ¡Es maravilloso! ¡Divino! ¡Precioso! ¡Hermoso! ¡Fabuloso! Portentoso!

O preguntas con exclamaciones exageradas como: ¿En serio? ¿De verdad? ¿Cómo va a ser? ¿Cierto?

O tratar de confirmar todo lo que el otro dice con palabras y onomatopeyas como: ¡Ajá!, por supuesto, así es, sí señor, claro que sí, en efecto, seguro, ¡pero claro!, ¡sí!, ¡qué bien!, ¡buenísimo!, ¡me encanta!

Otra forma de interrumpir son los gestos, muecas y caras de sorpresa, angustia, aprobación o desaprobación. A veces utilizamos esa clase de frases con la mejor buena intención de demostrarle al otro que estamos muy, pero de verdad muy, interesados en su conversación. Seguro que no es por maldad o por mala voluntad.

Parece que no nos damos cuenta de que para demostrar el interés, el único esfuerzo en que debemos concentrarnos es en el de escuchar. Y punto.

7. Espere, espere, espere

Si me pregunta cuál es la fórmula de oro para escuchar sin interrumpir, le diría la que me ha funcionado y creo que les funciona a todas las personas que han dedicado su vida al honroso y digno ejercicio de escuchar a otros:

1. Espere
2. Espere
3. Espere

La habilidad de escuchar se relaciona en forma directa con una de las virtudes del carácter más difíciles de adquirir, pero más valiosas y poderosas: la virtud de esperar.

No escuchamos porque nos des-esperamos, y des-esperar-se es perder la capacidad de esperar. Lo peor es que, en medio del desespero, cometemos toda clase de imprudencias y actos de mala educación, como interrumpir, ofender, hacer daño, herir, exigir, criticar, evadir, regañar, gritar y toda clase de maltratos con la persona que sólo quiere que usted espere y la escuche.

Es entonces cuando vienen las lágrimas, los portazos y hasta se puede llegar a los extremos del maltrato intrafamiliar o intraempresarial, que puede terminar en demandas por maltrato, acoso laboral y violencia psicológica verbal.

La falta de escucha no es un juego del ego. Es una debilidad que se convierte en una amenaza nefasta y fatal.

Si no podemos esperar al otro, si necesitamos interrumpir de manera compulsiva y ansiosa, es tiempo de colocar alarmas altas en el carácter, en la falta de autorregulación e inteligencia emocional, por el déficit de escucha.

Porque si nos cuesta trabajo escuchar y creemos que interrumpimos por una buena intención de aportar y ayudar, lo que en realidad se esconde por lo general tras nuestra amabilidad es una necesidad de controlar todas las situaciones y personas. Y para controlar, muchas veces es necesario manipular.

La persona que espera, no controla ni manipula sino que permite que los demás sean autónomos, participen y cuenten con su propio autocontrol. Al dejar de interrumpir, usted dejará de manipular todos los espacios y sentirá que la vida y las personas fluyen de manera más feliz, sin necesidad de que usted las controle. Lo mejor de todo es que usted mismo será mucho más feliz. Descansará de su propia intensidad y disfrutará la delicia de ver a otros felices por sentirse escuchados. Ese será su nuevo nivel de dicha a partir de la escucha dinámica.

SER ESCUCHADO: UNA NECESIDAD EMOCIONAL

El impulso de controlar no es consciente, sino que se mueve, como todos los impulsos, desde el subconsciente. Desde los complejos, los temores, las inseguridades, todo ese mundo interior tan complicado que nos acompaña y nos deja ver los faltantes interiores.

Cuando interrumpimos, imponemos, controlamos las conversaciones, dejamos ver ese niño interior que dice: «¡Escúchenme sólo a mí!»

Imagine una escena de niños en el colegio, o hermanitos en la casa, que pelean por ser escuchados por el papá, la mamá o la profesora. Todos gritan al mismo tiempo casi con desesperación y comienzan a pelear: «No, yo lo hice primero», «el mío es más bonito», «a mí me regalaron el carro más lindo».

El niño que llevamos dentro, creció y envejeció con la misma necesidad no madurada y hace cualquier cosa con tal de ser el primero y el más escuchado.

Creo que el concepto de ser escuchado para un niño, un adolescente, una ama de casa, un ejecutivo, un militar, un político, un deportista o un anciano, se puede traducir, en todos los idiomas, en la misma necesidad: ser amado.

La fórmula perfecta y sencilla es:

$$A + ESCUCHADO = + AMADO$$

$$A - ESCUCHADO = - AMADO$$

Me parece que todo esto proviene de una genuina demanda de atención, que debería ser atendida con urgencia como una necesidad emocional. Si entendiéramos que existe una profunda necesidad de ser escuchados en las personas que nos rodean seríamos los mejores comunicadores porque les permitiríamos desahogar todas sus ideas, sentimientos, pensamientos, conceptos, argumentos, sin interrumpirles.

He aprendido a desarrollar esta habilidad de escuchar desde mi capacidad de amar a las personas. Porque cuando comienzo a dejar ver un faltante de afecto y cariño, entonces empiezo a exigir que me escuchen sólo a mí y no atiendo a nadie, interrumpo todo el tiempo y hablo en tono más alto para callar al otro y ser atendida. ¡Qué pena!

Por eso me ha funcionado muy bien con mis hijos Daniel y Ángela María, con mis amigas y amigos más queridos, con la gente que entreno en las empresas, decirles antes de hablar: «Necesito que por favor me escuchen porque es muy importante para mí y necesito que me atiendan en esto». Entonces ellos entienden y me permiten hablar y hablar... ¡y hablar! Hasta que me siento satisfecha y feliz de ser escuchada y, sobretodo, muy amada.

Pero me funciona aún más cuando puedo detectar en ellos la necesidad de escucha reprimida. Entonces realizo el ejercicio interior de pensar: «No voy a decir nada, sólo le voy a escuchar porque me necesita, porque me está pidiendo a gritos que le atienda, que le ame». De esa manera, he elevado mi bajo nivel de escucha y cada día trato de crecer más en el nivel de amar.

Lo que mejor hacen los psicoterapeutas y psiquiatras es escuchar. Pueden permanecer media hora en silencio, en el ejercicio de la escucha. Sólo interrumpen con preguntas clave como: «¿Y qué sentiste?», para que la persona continúe media hora más en el desahogo total de sus actitudes, comportamientos y sentimientos. Es así como pueden ofrecer un diagnóstico acertado del estado psicoafectivo del paciente.

¿Se imagina a un psicólogo interrumpiendo a su paciente cada tres minutos para contar sus hazañas? Pues la verdad, creo que tendría que cambiar de oficio. Porque, sin duda, lo más importante de una buena terapia es escuchar.

Pero aunque no seamos psicólogos, debemos por lo menos tener claro que la escucha es lo más importante en la comunicación de los esposos, los padres, los maestros, los amigos.

Aunque creo que nadie nos entrenó para escuchar bien, por lo menos no recuerdo en la facultad de Comunicación de la Universidad una clase que se llamara Escucha 1. Y debería haberla, por lo menos una por semestre: Escucha 1, 2, 3, 4, 5... ¡hasta 10!

Salimos de la universidad muy bien entrenados para hablar y escribir pero nadie nos dice cómo hacer para ser un buen escucha. Porque, aunque es tan importante y determinante, es una destreza a la que se le presta poca atención.

Es de extrema urgencia cambiar esa cultura de la falta de escucha por una de escucha dinámica.

Si se trata de asociar la escucha con la empatía, con los principios y valores, con la necesidad de amor, entonces podríamos decir que una máxima de la comunicación es: «Escucha a tu próximo como quieres que te escuchen a ti».

Un día, en medio de un delicioso desayuno de trabajo en el restaurante La Bagatelle en Bogotá, un amigo le dijo a mi hijo Daniel, en tono bajo, medio cómplice, medio en broma, algo que no olvidaré: «Mire hermano, ¿usted quiere conquistar a una mujer? ¡Escúchela! A ellas les encanta que las escuchen». Creo que ese día mi hijo aprendió una clave para amar de verdad. También yo entendí por qué he necesitado tanto ser escuchada. Desde entonces, les cuento a todos los hombres en las conferencias y talleres de comunicación el secreto de la conquista y de la felicidad femenina.

Muchas relaciones de pareja se han arreglado al descubrir, concientizar y practicar esta clave de escuchar. Y muchas de las esposas de los presidentes y gerentes de bancos y entidades importantes me aman por enseñársela a sus parejas. Hasta me envían mensajes y regalos de gratitud: «Gracias, su capacitación cambió mi vida».

Es increíble, pero sólo les dije que tenían que escucharlas y eso bastó para transformarlo todo. Se venció el paradigma que ellos llamaban «incompatibilidad», próximo a llevarlos al divorcio.

Todo se convirtió en una amena y deliciosa comunión, en la que nadie exige ser escuchado sino que busca la felicidad del otro, a partir de escucharlo. Así encontraron la clave para la armonía.

Si se trata del trabajo en equipo en la entidad, mucho más. Los líderes comienzan a verse mucho más asertivos, confiables, amigables y de alto impacto a partir del secreto que les enseño en los talleres: ¡Escúchelos!

Cuando logran captarlo y hacen lo que llamo el «clic» interior de cambio hacia la escucha, parece que todo se soluciona dentro del área.

El clima organizacional se torna más agradable y todos saben que pueden contar con el mejor líder del mundo. Ellos no saben por qué, pero el líder sí guarda nuestro pequeño gran secreto: escuchar. El secreto del triunfo de una comunicación asertiva. Aplíquelo para la empresa, para la familia, para la vida.

La pasión de escuchar

Un buen oyente trata de entender profundamente lo que la otra persona está diciendo. Al final puede llegar a estar en desacuerdo, pero antes de demostrar su contrariedad quiere saber exactamente de qué se trata.

—Kenneth A. Wells

Para que la escucha se vuelva un quehacer del día a día, una necesidad de cambio, una prioridad de vida, parte del carácter, tanto en el ser como en el hacer, necesita ir acompañada de un valor definitivo: la pasión.

Sin pasión por escuchar no será posible comenzar a querer escuchar a nadie. Después de la conciencia clara de la necesidad de escuchar, lo que sigue es volverla estilo y forma de vida. Pero para que eso suceda, es necesario desarrollar en nuestro interior una pasión por la escucha.

Sólo así podremos empezar a hablar de una escucha dinámica, activa, empática, asertiva. Sólo así podremos comenzar a desarrollar asuntos tan importantes para el crecimiento de las personas en las familias, las empresas, los gobiernos, las universidades y en todos los ámbitos.

Sin pasión no hay escucha, porque sin pasión no hay comunicación. Y a una gran comunicación, una gran pasión. Por lo tanto, a una buena escucha, una gran pasión.

Estoy de acuerdo con el primo Gabriel García Márquez, premio Nobel de Literatura, cuando dice: «Sólo cuando uno hace lo que le gusta, puede ser realmente feliz». Si aplicamos esa inteligente premisa a la acción de escuchar podremos traducirla así: «Sólo cuando a uno le gusta escuchar, puede ser realmente feliz escuchando».

En lo personal, he descubierto en mí misma que cuando logro guardar silencio y comienzo a escuchar con pasión a las personas que me rodean, me siento feliz y realizada. Siento que alcanzo un logro personal. Y la paga de eso es ver la sonrisa agradecida de placidez de esas personas a quienes escucho.

De verdad que genera una profunda satisfacción el resultado de escuchar a las personas. Luego, esa sensación de alegría comenzó a convertirse en una dicha. En este momento de mi vida puedo decir, con mucha seguridad, que el ejercicio noble y grato de escuchar terminó por convertirse en mí en una pasión. Incluso se me ha vuelto una dinámica muy lúdica y de experiencia, en un juego de cada reunión, cada cita, cada encuentro con las personas en el pasillo de una entidad, en la calle, en un café, o en el comedor de la sala de la casa con mis hijos y familia.

Sin que nadie lo sepa —lo sabrán ahora con esta confesión escrita— en mi interior me digo a mí misma: «Voy a guardar silencio para escucharlos». Entonces miro el reloj y contabilizo cuánto tiempo puedo durar en silencio y con el ejercicio de escuchar lo que los otros dicen, sin esperar ser escuchada o imponer mis palabras.

A veces he ganado. Muchas veces he perdido. Lo intento, créame, pero no puedo. Entonces en la próxima oportunidad, vuelvo a intentarlo, y cuando lo logro, me produce tanta dicha y pasión el triunfo en el intento, que no puedo parar de escuchar. Así es como funciona.

Le regalo este pequeño secreto para poder escuchar con pasión. Comience hoy mismo. Si es necesario, haga lo que yo he tenido que hacer con algunos amigos cuando comienzo a hablar sin parar y no les permito intervenir: En la mitad de la conversación me doy cuenta de que no los estoy dejando hablar, refreno mis palabras, paro en seco, freno mi conversación amena y digo: «A partir de este momento, no hablo más. Habla tú».

Entonces las personas se sorprenden, pero se vuelven un poco cómplices conmigo y comienzan a volverse parte del juego apasionante de escuchar que me ha dado excelentes gratificaciones en los procesos de comunicación. Aún más que las de hablar en público o escribir, que tanto me apasionan.

Otra fórmula de la escucha:

$$\text{PASIÓN} \times \text{ESCUCHAR} + \text{TIEMPO} = \text{AMAR}$$

La pasión por escuchar tiene que ver con la pasión por amar a los demás. Sólo cuando comienzo a sumar las dos premisas: escuchar + amar entonces puedo de verdad entender el total del acto de escuchar como un asunto apasionante. De compromiso con el próximo y de negación de mí mismo, para que el otro sea feliz.

Aquí entra en el juego otra variable determinante: el factor tiempo.

Me llama la atención que los investigadores, psicólogos y estudiosos de la conducta y el crecimiento personal en general, siempre relacionan el asunto de amar con el factor tiempo.

Es decir, pasar *tiempo de calidad* con los hijos o con el esposo, la esposa, el novio, el equipo de trabajo de un líder, se concibe como la mejor forma de amar a las personas y dar lo mejor de sí mismo.

Esto quiere decir, según entiendo que, si escuchar es amar, entonces, también debe traducirse con la misma palabra: escuchar

= tiempo. Es más, se podría decir que tiempo de calidad = escucha de calidad = amor.

Es necesario dedicarle los mejores momentos al ejercicio de tratar de escuchar a otros. Se requiere disposición personal, entrega, compromiso, paciencia, sacrificio, lealtad.

En fin, de verdad estoy convencida de que escuchar es amar y para ello se requiere de una actitud más allá de la técnica y el sentido físico de oír: se requiere a gritos de pasión. Mucha pasión, entendida como valor humano, como ganas de atender, de encontrarse con las otras personas, de dar lo mejor de sí mismo.

La pasión es un valor sin el cual ninguna forma de comunicación llegará a un nivel más alto que los tobillos de su crecimiento personal. Es como aplicarle aderezos a una ensalada simple, o prender el equipo de sonido en medio de una reunión aburrida.

La pasión por escuchar hace que el proceso comunicacional con los otros se vuelva más ameno y divertido. No aburrido y obligatorio.

Nada peor que un esposo que escucha a la esposa porque le toca. O un papá que es un presente-ausente porque está sumergido en su mundo lleno de problemas, y no se dispone con amor y pasión a escuchar a nadie. Está tan lejano, distante, absorto y reconcentrado en sus asuntos de trabajo que no puede ni por un instante escuchar a quienes le rodean. Tan sólo puede pensar en los asuntos de su empresa porque es allí donde tiene el corazón y los pensamientos; es decir, es allí donde ha puesto toda su pasión y por eso no puede escuchar nada más que no sea la llamada de la empresa para decirle cómo van los asuntos del día.

Imagínese por un momento que a esa misma persona le apasionaran tanto los asuntos de la familia que se concentrara por completo en las preocupaciones de la hija adolescente, o en las lágrimas de la esposa cansada, o en el problema del hijo mayor que necesita cambiar de carrera en la universidad, ¡o lo que sea!

Cuando esa persona llegue a procesar en su conciencia la necesidad de escuchar como algo tan valioso como la rentabilidad de su empresa (sea en pesos, dólares o euros) entonces comenzará a interesarse de tal manera, que se le notará la pasión por escuchar a todos. Será su mejor negocio. Su mayor ganancia.

Otra forma de volver el escuchar un acto de pasión es cuando logro entender que la escucha puede llegar a ser una de las virtudes más altas de mi propia personalidad, carácter y temperamento. El mejor maquillaje y la prenda más bella de última moda y gran marca. El más exquisito perfume.

He llegado a entender incluso que a uno lo miden como líder por la habilidad de escuchar o no escuchar a los otros, como quien sabe dirigir equipos de alto rendimiento.

Si escuchar se vuelve parte de su evaluación personal en la empresa, o en la casa, o en la calle con los amigos, entonces usted comenzará a ejercitarla con tanta pasión como cualquier otro de los indicadores de éxito de su liderazgo. Debe ser tan prioritario como vender, comercializar o subir el nivel de clientes.

Porque la mejor forma de vender y lograr resultados financieros y corporativos es escuchar y la mejor forma de escuchar es con pasión. De lo contrario, no pasará de ser una escucha antipática y no empática. Si usted escucha porque le toca y no porque le agrada, se le va a notar. Pero si escucha porque le apasiona, también se le notará y logrará resultados contundentes.

Haga del ejercicio más noble de la comunicación, escuchar, su mejor pasión. ¡Y disfrútelo! Sin duda comenzará a sentirse y a verse como una mejor persona. Cuando llegue al nivel de sentir pasión por escuchar, entonces le podré decir que, de 1 a 10, su comunicación obtiene la calificación 10.

CLAVES PARA ESCUCHAR CON PASIÓN:

1. Determine en su interior hacer de la escucha una de las prioridades de su vida.
2. Asuma que escuchar debe ser un indicador de logro de su gerencia personal.
3. Tome la decisión de escuchar como una de las más inteligentes de su existencia y asuma que nadie la va a tomar por usted.
4. Escriba en la pared de su habitación, en el espejo de su baño, en el tablero de su computador o en el corcho de su oficina, una frase que diga: «Hoy voy a escuchar a las personas», como quien recuerda tomarse la pastilla para la presión, porque es de vida o muerte.
5. Dese premios especiales cuando logre escuchar con pasión a alguien, y también castíguese con algo que le duela cuando deje de hacerlo.

6. Haga del ejercicio de escuchar un juego divertido, una lúdica interior que le parezca deliciosa y gratificante en la vida.

7. Aplique unos indicadores de gestión a su proceso de escucha, califíquelos de 1 a 10 cada día y evalúese en forma permanente. Al final del día, sabrá que escuchar es su gran pasión.

ESCUCHAR ES UN ARTE... ES POESÍA

Cuando hablo de la pasión de escuchar, no me refiero a un ejercicio eufórico y emocional, efusivo y ardiente. La pasión por la escucha se puede volver también una serena poesía, un ejercicio moderado y equilibrado, que produce una serena sensación de bienestar.

Desde ese punto de vista, la escucha se vuelve arte y poesía. Sensibilidad y necesidad interior de arte, creatividad y notas sublimes de música. Amo el poema del maestro Pablo Neruda porque me lleva a recordar que el sublime acto de callar nos deja escuchar en el otro sus sentimientos más hondos, profundos y bellos.

Como en el famoso poema de «Me gustas cuando callas» que quiero traerle hoy a usted, mi amigo lector, como un detalle de agradecimiento por haberme soportado en todas estas páginas de estos tres libros de habilidades de comunicación.

Le regalo este poema de Neruda, como si fuera la cima más alta de sus habilidades como comunicador de excelencia. Le regalo la poesía, el valor del silencio, la libertad de escuchar como el nivel más alto de su potencial como ser humano.

Me apasiona la forma poética que puedo ver en la virtud de la escucha. ¡Y qué maravillosa forma de decirlo la de Pablo Neruda! Qué perfecta armonía del maestro, cuando dice: «sin más **pasión** que la substancia».

Lo invito a la pasión de la substancia de esos tres conceptos que se entrelazan como perlas en un collar fino en este poema, que podría llamarse, el poema de la escucha: Silencio, callar y pasión.

RESUMEN Y AUTOEVALUACIONES

Según todo lo que hemos compartido hasta ahora en estos capítulos, y en resumen, la escucha implica comprender al próximo, mostrar interés por lo que dice, tanto en forma verbal como no verbal, con sus pensamientos, pero también con sus sentimientos y emociones.

También implica mucho más que una simple audición pasiva de los sonidos que emite el otro. El asunto está entonces en saber discernir en forma exacta si de verdad sabemos escuchar en forma dinámica y empática, positiva y adecuada.

Algunos indicadores puntuales y sencillos nos pueden ayudar a evaluar nuestra forma de escuchar a los demás:

- Medir el tono anímico. Se dice que la escucha es profunda cuando el que recibe el mensaje es capaz de adecuarse al tono anímico del que emite el mensaje. Puede captar y ser sensible a sus expresiones de ira, buen humor, gracia, seriedad, prepotencia, rechazo, aceptación, angustia, dolor, amargura, resentimiento, determinación, ánimo. Y ante esas expresiones, asumir una postura adecuada.

- Resumir el mensaje que nos transmiten. Para que no parezcamos personas insensibles y distantes, sino atentas y dispuestas, podemos escuchar a la persona y luego intentar resumir lo que nos dijo en una frase puntual. Así no pareceremos una grabadora que simplemente copia las mismas palabras y las repite sin ninguna gracia ni valor agregado.

- Saber determinar cuál es el momento justo para intervenir, sin interrumpir en forma abrupta e imprudente. La escucha se sentirá transparente y sincera cuando se refleje la comprensión hacia el otro y el deseo de acompañarlo, no de cortarlo. Para ello, no necesariamente tiene que demostrar que está de acuerdo con todo lo que se dice, sino asegurarse de que en verdad siente que aprecia lo que la persona le dice, porque respeta y cuida su dignidad humana.

  Es necesario saber en qué momento es oportuno participar de la conversación, intervenir, o interrumpir si es necesario. Pero más allá de eso, es muy importante desarrollar la habilidad de escuchar bien para luego animar a la persona con nuestras buenas y breves intervenciones. Siempre con el ánimo de ayudar, facilitar y promover al otro.

- Saber afirmar al otro, sin calificar lo que dice. Porque por lo general buscamos emitir un juicio después de que escuchamos. Esa es la tendencia generalizada. Por eso, es importante entender que la escucha es válida cuando me intereso más por observar en el próximo cuál es el asunto o conflicto que necesita manifestar. Qué le preocupa.

Para ello es necesario confirmar primero si dispongo del tiempo suficiente. Porque de lo contrario, es mejor ni siquiera iniciar la conversación o si no, la persona se sentirá más frustrada aún y puede convertirse en una pelea, disgusto o conflicto mayor.

Verifique si sería mejor aplazar la reunión, o la conversación, para decirle con un alto sentido de valoración a la persona que aprecia mucho la confianza para contarle, pero que deben buscar un momento más adecuado para darle la atención que merece.

- Verifique que la otra persona no le manipule al tratar de monopolizar todos los espacios de conversación con la exposición permanente y persistente de sus sentimientos y pensamientos, que le asfixia y no le permite participar.

Porque si usted siente que la otra persona sólo quiere que la escuche y no le permite emitir ni un sonido de afirmación y acuerdo, usted sentirá que ese espacio está dominado por el otro y su escucha no podrá ser dinámica ni empática. Terminará por volverse antipática.

Por eso debe saber colocar límites a la ESCUCHA, para no pasarse de la línea delgada entre ser empático y no dejarse manipular. Aplique los límites y encontrará su justo lugar como oyente que sabe escuchar, pero también sabe dejar de escuchar cuando el mensaje afecta su tiempo, su espacio y hasta su integridad.

TRES DINÁMICAS DE ESCUCHA

Para poder ejercitar más y más la competencia y la habilidad de escuchar como parte de su comunicación efectiva, usted puede realizar algunas dinámicas lúdicas que le permitirán practicar el ejercicio de escuchar y crecer en él, para toda la vida.

Estas dinámicas le ayudarán a escuchar en forma empática e inteligente. Realícelas en familia o en grupos de trabajo para que entre todos comiencen a concientizar el valor de escuchar como una actividad central hasta que se convierta en hábito y en parte fundamental de la cultura familiar, organizacional o gubernamental.

Estas dinámicas sirven para realizar juegos divertidos, o para incluirlas dentro de los talleres o programas de aprendizaje para la competencia de la comunicación asertiva:

Dinámica 1: Las escenas de la escucha

Nombre un moderador de los equipos y organícelos para que estén listos a interpretar con gestos y CNV —comunicación no verbal— diferentes situaciones de falta de escucha dinámica.

Las personas de los otros equipos deben adivinar en qué consiste la situación y decir exactamente cuál es el nombre de la escena que el equipo está dramatizando. Por ejemplo: «Escuchar es respetar a los demás» o «Aquí sí que escuchamos a las personas para valorarlas» o la que quieran inventar. Si lo prefieren, pueden ingeniar situaciones del día a día de la empresa o de la familia, que ejemplifiquen los problemas de escucha que viven. Por ejemplo: El papá viendo televisión y la mamá desesperada porque la escuche. O, el jefe, sumergido en su computador, que siempre está tan ocupado que no tiene tiempo ni espacio para escuchar a nadie.

El equipo que adivine en el menor tiempo posible, será el ganador de un premio especial que deben acordar entre todos. Si nadie logra adivinar, entonces el equipo ganador será el que interpretó la situación divertida.

Después de terminar la interpretación, se reunirán para un «foro» de retroalimentación donde cada cual analizará la forma en que vio las diferentes situaciones en el juego y aportará una solución puntual para saber de qué manera se puede mejorar la escucha en ese caso.

Dinámica 2: La distorsión de la escucha

Para realizar esta dinámica se debe comprender que el propósito es entender que muchas veces las personas reciben una información pero por falta de un buen sentido de la escucha, la pierden, la cambian, la distorsionan, al punto de convertirla en un mensaje completamente distinto al original.

El juego consiste en que tres o cuatro personas del grupo se salen del salón y un moderador les cuenta una noticia, con muchos datos, fechas, hechos, personajes. Al regresar al salón, uno por uno, cuentan todo lo que entendieron de la noticia.

El resultado es bien interesante y divertido pero, además, permite comprobar que una misma noticia o instrucción puede ser recibida de muchas maneras, de acuerdo con el proceso de escucha que le demos. Todo cambia, según la forma como escuchamos.

Cada persona escucha algo diferente de la misma noticia, porque por lo general las personas recordamos con memoria selectiva lo que nos interesa y nos llama la atención.

Luego, es interesante escuchar a cada persona que recibió la noticia, porque la forma de expresar el mensaje que recibió permite ver con claridad que cada uno le va añadiendo algo nuevo al mensaje. Cosas que no le dijeron pero que se imagina y las da por escuchadas.

Al final se pueden comparar todas las versiones y será muy divertido el resultado. Casi que podría llamarse a esta dinámica: «Cada cual escucha lo que le parece».

Dinámica 3: Parejas y escucha

Esta dinámica es divertida y genera mucho aprendizaje acerca de los procesos de comunicación y escucha. Deben dividirse en parejas. En cada pareja, una de las dos personas le comenzará a hablar a la otra acerca de cómo fue el día más feliz de su vida. La otra persona jugará el papel de quien no sabe escuchar. Con interrupciones, bromas, falta de atención, intervenciones con palabras que lo ridiculicen, se pondrá a hablar con otra persona mientras su pareja le habla, o tomará el celular para hablar con alguien de su oficina sobre temas del trabajo, o comenzará a reírse de algo que está leyendo. En fin, el papel de esta persona es hacer salir de casillas a su pareja, por falta de escucha.

Luego, vendrá el desquite, porque la otra persona de la pareja deberá asumir el papel de quien no escucha. De esa manera, ambos podrán experimentar lo feo que se siente cuando uno no es escuchado.

Al final, cada pareja contará lo que sintió en el momento de las interrupciones. Un poco en broma, pero muy en serio, todos comentarán sobre la frustración de no ser escuchados. Y lo más importante: todos y cada uno harán un compromiso serio de comenzar a desarrollar su capacidad de escucha para valorar a los otros tanto como a ellos mismos.

CAPÍTULO 11

Testimonios y evaluaciones

Esta es la selección de algunas observaciones y calificaciones obtenidas al finalizar los procesos de aprendizaje para el desarrollo de habilidades y competencias comunicacionales, dirigidos por la consultora Sonia González A. Los nombres de los participantes y las empresas se mantendrán en reserva por razones de confidencialidad.

—Excelente taller y consultora. Un cambio total. Fue una experiencia única, muy dinámica.

—Aprendimos de una manera fácil y dinámica técnicas para mejorar nuestra forma de presentar frente a una audiencia. Excelente método de enseñanza.

—Excelente taller para el desarrollo profesional y personal. Me encantó tanto la forma como el fondo. Lo recomiendo.

—La charla fue muy didáctica y superenriquecedora.

—La forma de aprender es muy vivencial, y desde el interior de cada uno, para que sin perder la esencia, se mejore en todo sentido.

—El programa es excelente, lo recomiendo para todos los funcionarios del banco.

—Las vivencias de este taller me dejaron enseñanzas útiles. Las actividades lúdicas y dinámicas caracterizaron esos días. Estoy convencida de la utilidad de las herramientas aprendidas.

—Excelente presentación y capacitación, muy útil y práctica, se debería implementar para todas las áreas del banco.

—Excelente capacitación, aplicable desde todo punto de vista a la vida personal y laboral. La disposición es óptima para transmitir y comunicar el conocimiento.

—Excelente y ojala se sigan dando estos espacios de retroalimentación y a su vez conocer más a fondo a otras personas con las que compartimos a diario. Excelente consultora.

—Este curso es muy aplicable a nivel laboral y para todos los ámbitos en los que nos desenvolvemos cada uno. La docente muestra total dominio de la temática y total interés porque los participantes se lleven el contenido del curso en sus vidas.

—Felicitaciones por todo lo grandioso que nos transmitiste en esta capacitación, porque das todo y lo mejor, porque nos haces sentir muy especiales, y tienes todo para seguir triunfando.

—Gracias a la empresa, gracias departamento de capacitación, pero sobre todo, gracias a Sonia por estos dos días de constante aprendizaje y enriquecimiento personal. Lograste quedarte en nuestro corazón. Gracias.

—Fue un taller que me gustó mucho, me hizo dar cuenta de mis errores, me hizo mejorar la calidad de mis exposiciones. La actitud de Sonia fue excelente, con muy buen dominio del tema y disposición total hacia el grupo. Es una persona muy hábil, logró muchos cambios en todo el grupo.

Agradecimientos

A las empresas, entidades y universidades por confiarme el entrenamiento de sus mejores líderes:

Bancolomba, Davivienda, Grupo Bolívar, Helm Bank (Banco de Crédito), Liberty Seguros, BBVA, Baker & McKenzie, Quala, Codensa, Coca-Cola, Avianca, ABN AMRO Bank, Uniandinos, Universidad de La Sabana, Universidad de Los Andes, Kuehne + Nagel, Legis, Dirección Nacional de Planeación, Secretaría Distrital de Planeación, Auditoría General de La República, Movistar, Club Ecopetrol, Ejército de Colombia, Titularizadora Colombiana SA., Microsoft, Fedex, Audilimited, Grupo Corona, World Vision International.

A todo el equipo del Grupo Nelson, por escogerme desde Nashville entre autores de *best seller* mundiales.

A Larry A. Downs, vicepresidente y publicador, por su magnífico apoyo y liderazgo efectivo para avanzar en esta obra. Hombre de altura. A Graciela Lelli, por la excelente labor como editora. A Gretchen Abernathy, por su amable ayuda en la revisión de pruebas. A Claudia Duncan, por su valioso acompañamiento desde la gerencia de marketing y a Roberto Rivas, por su impulso como gerente de ventas desde México.

Al equipo de trabajo de nuestra empresa, PRESS IN Comunicación Inteligente.

También a los colaboradores y amigos de nuestra Fundación Cielo Nuevo, por su aporte valioso. Son los mejores.

A Dios, por siempre.

Acerca de la autora

Sonia González A., fundadora y directora de PRESS IN Comunicación Inteligente, es reconocida conferencista, consultora y asesora de empresas internacionales en las áreas de la comunicación, el liderazgo y los valores. Es la autora de *El cóndor herido* y del capítulo colombiano de *Rostros de la violencia en América Latina y el Caribe* de World Vision International. Ha sido colaboradora de diarios y revistas en Colombia, como *El tiempo, El espectador, Diners* y *Credencial*. Desde su país Colombia viaja por todo Latinoamérica dando programas de entrenamiento empresarial. Es presidenta de la Fundación Cielo Nuevo y directora de la Revista *DAR!* que circula con *El tiempo* en Colombia y *El nuevo herald* en Miami y el sur de la Florida.